# フランス人の新しい孤独

*Les nouvelles solitudes*

マリー=フランス・イリゴエン 著
小沢君江 訳

緑風出版

目次

# フランス人の新しい孤独

## II 一人でパフォーマンスを目指す

# 序

夜の明かりのなかを迷うのが好きだ
そこに新しい孤独が見つかるから
新しい生活
この世の中に興味がなくなるとき
未来を予知できるとき
闘うことも
人の無関心に耐えることも
嫌になるとき
時は変わる
でも現在は不思議なほど過去に似ている
ぼくと一緒に明かりのなかに身を隠しにおいで
ぼくの天使……

愛してる
ここで別れよう
ここで

ガエタン・オシュデーズ（作詞家、ギタリスト）

今日の富裕国、とくに先進国の大都会に孤独がまん延しており、それが社会的現象となっていることは否定できない。孤独というものが、人間が抱える目に見えない存在の一部であるとしても、孤独そのものが時代と共に深く変化している。他人との関係が、あるときは「過剰」になり、またあるときは「薄れる」にしても、人間関係そのものが現代人の重要な関心事となっている。現代は情報過多の時代であり、常時、個人同士が相互関係にあり、あるときは押しつけがましいときもある。それなのに、今日、多くの人びとが孤独に苦しんでおり、シングルライフを選ぶ人がますます増えている。

それは逆説的とも言える。つまり苦しみを抱えながら同時に静けさと自由を希求しているからだ。一方で、孤独は今世紀の「悪」のひとつであり、是が非でも人間関係を、コミュニケーションを密にすべきだとすすめられ、もう一方では、とくに女性は自立することが奨励される。しかしながら、現代人の個人主義にもかかわらず、孤独はネガティブなイメージを与えつづけ、内面的な面が軽視されがちなのだ。一人でいることは、ほとんどの場合、人間関係に失敗したからだと解されるか、またはそれがその人の生き方の選択だとしても、外からは禁欲主義、または不幸な状態とみなされる。

ひとりぼっちの人を見ると、私たちはそれぞれが抱く孤独な状態を思い浮かべ、単に孤独という事実を捉えるかわりにネガティブな評価を下しがちだ。昔は一人暮らしの者は、村や町からの追放者のようにみられ、その孤独には時効がなかった。たとえば暴力的な夫が、彼から離れようとする妻に向かって「ぼくから離れれば、おまえはひとりぼっちになるんだ。誰も拾ってくれるもんか！」と脅すように。とりわけ一人暮らしをしたことのない人は、たぶん孤独に耐えられないからなのか、孤独にたいして非常にネガティブなイメージをもっている。社会から追いやられた高齢者たちの孤立状態、社会の脱落者、または恋人にふられた者の孤独というように。

今日、シングルでいることが「カッコいい」と見られるようになっても、公的な関係、または内縁であってもカップルは社会のなかでノーマルな状態でありつづける。それに上乗せするようにメディアは「新しいカップル」、「ホットなアムール（恋愛）」、「簡単に幸せが手に入る方法」などと安易な関係をあおる。同時にそれらから生まれるフラストレーションをあげないわけにはいかない。なぜなら恋愛関係がますます複雑になりつつあり、別居や離別、離婚が日常的になっているからである。何よりも女性の自立が男女関係に大きな変化をもたらし、私生活、社会生活をも不安定なものにしている。

今日、男女とも愛の欲求と自立とのあいだをジグザグに進みながら生きている。事実、経済的にも性生活でも自立している多くの女性は、カップル生活を維持するために、彼女の独立を犠牲にすることを拒否する。結果として、従来の夫婦生活はなくなりつつあり、反対に真に結びつく必要のない新しいカップル関係が一般化しつつある。それは簡単に関係ができてしまう反面、ますます脆くなりつつある。

寿命が長くなるにつけ、離婚、離別の回数も増え、それだけ選択の回数も増えており、そのつど自分一人になる。人生のなかで、性関係に至る出会いの時期、共同生活を営むカップル時代、そのあいだに孤独な時期が入り込み、遠距離交際、といくつかの起伏の果てに新たな孤独につき当たる。

現代社会で個人が孤立するのは避けられない。人間存在の究極的価値として認められてきた「個人主義」は、すべての分野で不安定な関係をもたらしている。労働条件の悪化や社会生活の貧困化によって、自分及び他人を信じられなくなり、何かに自分を投じることにも警戒するようになる。現代社会は、物質的充足感を重んじ、それが叶えられることと、消費することに重点が置かれている。しかし、選択肢の増加、情報が増大するなかで、幸せを渇望しながらも私生活に落胆し、フラストレーションに侵蝕され、個人生活に幻滅する個人個人を充たすことはできない。

誰しもが出会い系サイトなどによって孤独の寂しさが癒されると思ったものだ。しかし、そこでも自分は「迷える羊の一頭」にすぎず、他の人びとと何ら変わらないことに気づく。出会い系サイトがうたう「幸せな出会い」とは、裏を返せばフラストレーションを倍加させるものなのだ。なぜならユーザーは用心深くなり、未知の人と出会うことを躊躇《ちゅうちょ》し、ときには自分が消費の対象にすぎず、出会いが実現しても、じきに捨てられるのではないかと警戒するようになる。

しかしながら、しばしば孤独な状態は苦しく、希望もなくなるのだが、思わぬエネルギーとインスピレーションを得る豊かな時間でもある。もちろん集団の中で生きることは大切なのだが、一人で生きることを学ぶのも大切なことだ。孤独のなかに休養と再生の場を見出すことができる。一時的にも孤独を受け入れることは、軽薄な日常と、表面的で自画自賛的な世界から抜け出す手段でもある。

新しい世代の男女は、ますます一人になることだろう。社会での人間関係は変わらないが、変わるのは彼ら自身なのである。現代社会は選択肢を増加させ、人びとの孤立化を倍加させながらも、新しい人間関係を生み出し、世の中が不安定化していくことをくい止める役を果たしている。カップルは愛情で結ばれる唯一の関係ではなくなり、異なった形で他人とも結ばれ、小規模の市民団体や深い友好関係、隣人との連帯感に結ばれた暖かい仲間同士など、それぞれの関係が個人個人の異なる指向に適応しながら、新しい関係が育っていく。

筆者が本書で扱うのは、この新しい人間関係がなす多面性であり、患者たちの協力により、彼らが生きてきた体験をまとめたものである。とくにこの十五年、カウンセリングの問診中、彼らが語る言葉の変化に深く打たれたのである。それらは、彼らが選んだ、または生きた孤独そのものではなく、孤独がもたらす日常的問題以上に哲学的問題をも語っている。

彼らの語ることをとおして、先進国での二十世紀から二十一世紀にわたる年代は「人類学的」にも過激な変動の時代だったことを知る。伝統的な男女関係のイメージは、メディアや広告媒体をとおして維持されているとはいえ――時代から言えば遅いのだが――七〇年代に見られた女性解放などの大きな変革は、今日ではまったく当然のごとく現代の新しいライフスタイル、日常生活にとけ込み、全世代に浸透している。

本書では、「孤独」と「人間関係の中での孤立」の広まりについて、三章にわたって進めていきたい。最初の章では、男性と女性がこの変動期を感情的、社会的にどのようにして「過ごしている」のかを解説する。パートナーとの相克に直面した場合、以前より解放されている女性は男性より容易に克服できるということ。もちろん、各々が生きた体験により、世代の違いは無視できない。

第二章では、現代の個人主義や仕事の集中化、テクノロジーによる情報の過密化とバーチャルリアリティ（仮想現実）が錯綜する幻想が、昔からの家父長制に培われた潜在意識と共存しつづけているという矛盾と、その影響を追ってみたい。出会い系サイトの異常な人気と、それと相反する幻滅とが、ひとつの表われと言えよう。

しかしながら、第三章で扱うように、新しい形の親密な人間関係も存在する。例として、ラディカルな生き方だが、ノンセクシャアル（非性愛者）たちの新しい生き方、共同生活から解き放たれ、自ら選んだ一人でいる孤独は、「二人でいる生活」とも両立するということも解説していきたい。

# 1　孤独感

「われわれはひとりぼっちだ。誰とも知り合いになれないし、誰にも知られぬ存在だ」
（サミュエル・ベケット著『ジョイス論／プルースト論　ベケット詩・評論集』高橋康也訳、白水社、絶版）

「数年前から、僕はモノから離れ、自分自身をも消え去らせました」

クリスチャン（六十二歳）

孤独の世界は千差万別であり、それぞれ異なった孤独の境界は、はっきりと分かれてはいない。それぞれの孤独には非常に異なった現実が潜んでいるからだ。孤独者の日常、若いシングル、離別者、離婚者、寡夫（婦）。彼らだけでなく、家族と共に暮らしている者、オフィスで働く者、群衆のなかにいる者。二人でいながらの孤独は、一人でいるときの孤独よりも辛いものだ。しばしば孤独について語るとき、社内でのけ者にされるか、社会からぼろきれのように放り出された者などの苦悩を想像しがちだ。また病的な性格から自ら孤立する者、傲慢な性格や優越感が他人とのあいだに距離を置いてしまうケース。疎外感や自分の内向性を苦にする患者も多いが、結局それに慣れてしまう。「誰もわたしを愛してくれない」とこぼす者は、逆に「自分は誰も愛していない」と言うべきなのだ。

## 孤独のネガティブなイメージ

苦しい孤独のほかに、豊かで平安な孤独もある。一般から見ると、孤独な人間は世間から離脱した人であり、どこか変わった人、変人、隠遁者、いつも一人でいる灯台守、単独航海者、または一人でものを創る人というイメージがわいてくるだろう。しかし、普通に社会に同化している者にたいしても、性格的に異常体質ではないかと思ってしまう。次に述べるベルトラン（四十二歳）の証言を聞いてみよう。

僕が孤独を選んだことを人びとは理解できないようです。それは、ぼくの人生行路の一部をなしているのです。幾人かの友人は同意できず、出会い系サイトで「優しい女性」を探すべきだとすすめます。僕が彼らのアドバイスに従おうとしないので、僕を変人とか、要求が高すぎる男というレッテルをはります。

パーティーや世俗的な集まりに出るよりも、一冊の面白い本と共に一人で夜を送るのを好む人もいる。またはカップル生活を送りながらも、一日か一週間くらい、自分に集中するため、一人で居られるひとときを求め、または気のおけない誰かと過ごしたくなるものだ。

しかし、家族が一緒に暮らすことが普通だった時代には、孤独を好む者は変わり者、社会性に欠けると見下されていた。シングルにたいする態度も甘くはなかった。人びとは「可哀想に、ついてないね」と同情するか、「彼（彼女）には、誰もいないの？」と不思議がる。孤立している者に同情し、誰も寄りそう者もいなく、性生活や感情面の貧困さを勝手に想像し、そういう人の退屈さやうっ憤、フラストレーションまで想像してしまう。しかし、このような悩みのない真の孤独者は、それを外部に見せようとはしない。なぜなら彼の生き方がネガティブなイメージを与えるのではないかと思い、それをはばかるからだ。

結婚生活が長いあいだ、「良きにつけ悪しきにつけ」ノーマルな人間生活とみなされてきた。したがって孤独な生活者とは、宗教上の理由からでなければ、一種の変質者ともみられてきた。一時的あるいは特別な場合でしか独身生活は考えられなかった。革命時代には、独身の公務員は排除された。「マイエンヌ県では独身者や神父、共和精神に欠ける無為徒食者たちは公職から排除された」（フランス革命歴二年八月の国民公会記録。ジャン・ボリ著『フランスの独身者』、未邦訳）。

今日でも、孤独者はしばしば人間嫌いだとか、心の乾いた人、愛をあげることも、もらうこともできない人、集団生活に順応できない人とみられている。シングル男性は変質的な趣向があるのではないか、また女性なら、昔はなかば魔女ととられたものだ。一人でいるという自由はエゴイストとみられ、他人のことを考えずに自分だけのために生きる者として、社会集団から危険視されたものだ。常識的に考えれば、社会から孤立することは一種の罪悪であり、報いととられたのである。たとえば乱暴な服役者は独房に入れれば、服従し、従順になるだろうと期待される。しかし強制的に孤立させると、知覚神経への刺激がなくなり意識もしぼんでいき、指針を失い精神障害を起こしやすい。

人びとは孤独のネガティブな面だけを見るが、多くの思想家や創造者は精神的、知的または芸術的な仕事をするために不可欠な孤独な生活を選んでいる。彼らにとって世間から遠のくことは、生き方の選択でもあった。「昔は孤独者とは一人暮らしの生活に閉じこもることであり、社会から排除されたのではない」とミシェル・アヌン医師は説明している（『孤独と社会』クセジュ文庫、末邦訳）。孤独者は社会集団から離れることを選んだのか、村はじきにされたのか。しかし、現代人は孤独と孤立を混同し、どちらも不幸な状態とみなし、いかにして孤独から脱することができるかに考えをめぐらす。孤独は孤立とは異なり、それは外部の影響によるものではなく、内部の精神状態のことを意味する。フランス語では「孤独感」と「孤独な状態」が混同されやすいのだが、英語ならローンリネス（淋しさ）とソリチュード（孤独）というように意味がはっきり異なる。

## 疎外と「虚無」への恐れ

孤独感は主観的なものであり、自分が孤独だと感じた状態であり、他人に疎外されたか、あるいは遠ざけられたと感じる状態にあたる。群衆のなかでも、家庭のなかでも、カップル生活のなかでも、ひとりぼっちと感じることがある。この気持ちは、関係の薄さや周りの者と対話がない場合、この世の中で自分一人と思うときに生まれる。そのような場合、何らかの存在を必要と感じるか、または一人でいることへのフラストレーションがわいてくるはずだ。それは内面的な空虚感と孤立感からくるもので、パートナーが欲しいとか、または誰かが恋しいというものではなく、外部との関係をもたずに孤立し、誰にも理解してもらえないと感じる状態であろう。根本的には、ある状態にたいする鋭い自意識でもあり、死ぬまで直面させられる感情である。

孤独感は、メランコリー（うつ状態）でもあり、憂うつ状態にも近い。多くの人びとにとって、それはうつ病と同じであり、誰にも会いたくなくなり、家に閉じこもり眠ることと、ネガティブな妄想をくり返すようになりがちだ。うつ状態を避けるため、言葉と行動で空間を埋めようとする。なぜなら沈黙は、「無」存在、または避けられない「死」の到来として捉えられるからだ。ソフィ（二十七歳）は彼女の体験を語る。

調子が良くないときは、部屋に閉じこもり、電話にも出ません。ほとんど一日中、ベッドに横たわっています。とくに元気な人たちの前でわたしは圧迫を感じるので、彼らと会わないようにします。同時に自分が元気でないのを恥ずかしく思い、彼らに「がんばって行動するのよ！」などと言われるのが怖いのです。

子どもがこのようなうつ状態になることを防ぐため、親たちはスポーツやさまざまな活動、テレビなどで時間を埋め、彼らの気を紛らわせるようにする。親たちは、焦燥感で目つきもぼんやりしている子どもの状態を恐れ、「何もしないでいてはだめよ！」と声をかける。しかし、子どもは自分が何を欲しているのかを、自分自身で考える自由な空間を必要としているのだ。うつ状態は必ずしも孤立状態とむすびついてはいない。やりたいことができないときや、やりたくないことをしなくてはならないときなどに、うつ状態になりやすい。シングルのディディエ（二十八歳）はグラフィスト。

一人でいるときはけっしてうつ状態などにはなりません。読書し、音楽を聴きます。しかし一番辛いのは、パーティーなどで誰とも何も話すことがないときです。表面的に楽しそうに見せるのに耐えられないのです。時間の浪費としか思えません。

しかしながら彼のような体質は、そう頻繁に見られるものではない。今日の超モダン社会で、人びとは個人個人の不安や恐れに直面しないために、よく集まり合っている。恋愛や友情のようなものを求めて集まってくるのは、孤独や内面的空白を埋めるためなのだ。彼らは元気に動き回り、出会いや恋愛を重ね、さまざまなプロジェクトを生み出す。年を取ることや病気になることを避けて暮らすだろうが、誰しも「死」を避けることはできない。世の中の変動にもまれ、私たちが一人で生まれ、一人で死んでいくことなどには考えおよばないものだ。幼いときは両親に面倒をみてもらい、社会人になってからは、パートナーとある時期の行路を共に歩み、子どもたちはじきに離れていく。ある歳になると、この経過を意識して生きるのは、とくに男性にとってむずかしい。フランシス（六十四歳）は離婚し、幹部クラスから早期定年となった。

僕は、両親の死後、虚無感に襲われ、自分ではそれを考えまいとしてきました。同居の家族は一人もいません。子どもたちは他所で暮らしており、話しかける相手もいません。日常的に顔を合わせる人はお手伝いさんだけです。もちろん友人はいないわけではないのですが、彼らに依存するようになるのは危険だと思います。いつ離れていくかわからないのですから。孤独でいることは、それだけ逆に他人の役に立てることでもあるのですが、逆にそれを相手に求めるようになってはいけないと思います。なぜならいつか落胆させられることになるでしょうから。

しかしながら都会では物理的に、車の騒音や、隣人の物音、トイレの音、音を立てて閉まるドア、テレビの音などに囲まれている。これらの騒音以上に孤独感に耐えるのはむずかしいようだ。都会人のなかにはひとりぼっちの存在を苦しんでいる者が多く、彼らは秘めた感情を他人に打ちあけることも少ない。離婚し、定年生活を送るクリスチャン（六十二歳）は一人でいることの苦悶を語る。

誰しも空白感を覚えるのは、「一人でいる」ときです。一人で時間を費やすことはむずかしく、一日は長いのです。毎日時間を埋めるものを見つけなければなりません。一週間のあいだに一度も電話もかかってこず、人と話すこともないことがあります。この数年前からモノに執着することを諦めたのですが、自分が時間に流されるまま、空虚感を覚えざるをえません。一人暮らしの男性の性生活の貧困化についても語るべきでしょう。ときにはそれが大きな問題となります。もちろんポルノというものがありますが、あまり自慢できるものではありません。もちろんぼくがその気になれば、私を欲する女性がいないでもなかったのですが、そうはしませんでした。たまに会う女友だちはいますが、熱を入れるまでにはなりません。

誰も私を求めていません。一本の糸も私を引き止めません。たとえば美しい絵を眺めていても、ひとりぼっちでは絵の美しさも感じられません。前に進むためには、外部からプッシュする力が必要です。外に引っ張る糸とは、欲望という内部に生まれる糸しかないのですが、ときには糸そのものが切断されていることもあります。頭の中に何もなく、何の望みももたない男の一日とは、牢獄に閉じ込められているようなものです。

一人で一生を終えることに我慢すべきですが、まだ残っている歳月を一人で送らなければならないという苦悩と、どう付き合えばいいのか。自殺すべきですが、そうする勇気も私にはありません。この「無」、「何もない」ということそれ自体が苦しみとなり、「苦しむ」という感情も存在しなくなります。人間は「無」と共に生きられるのでしょうか。


孤独を恐れる人びとのなかには、一人でいることを罪深いと思う人もいる。まるで自分に落ち度があったからだと思うのだ。「自分は社会の規範から外れているから、周りの人が私を我慢できないのだ」と悩む患者がカウンセリングに来るとき、危険なのは――後述するが――多くのカウンセラーは、患者が孤独を愛し、そうした自分を受け入れ、自己愛を深め、自分自身を豊かにするように手助けするのではなく、逆にさまざまな出会いの場に行くようにさせることによって、ますますナルシズム（自己愛性人格障害）を深めさせてしまうことだ。問題なのは、一般的に患者自身が病的なイメージを自分に課していること。次に述べるフランシス（六十四歳）のように。

孤独は、自分が「人あたり」が良くないからだという印象を与えます。たとえばサウナに行っても誰も寄って来ないし、家に五〇人も招いてパーティーを開いても、そのうちの誰一人としてぼくに声をかけないし……。たしかに年を取ると、愛情的な面でも孤独になるのは避けられません。肌も干からび、歩く速度も落ち、リビドー（性欲）も徐々に下がります。こうした身体の衰えが顕著になり、人びとに遠ざけられるのでしょうか。

たしかに一番辛いのは、人から遠ざけられることだろう。哲学者ツヴェタン・トドロフ（ブルガリア人思想家、一九三九年〜）によれば、「他人に認められないという物理的条件が孤独にする。他人がいなければ、彼らの視線に触れられないからである。物理的な孤独はさまざまな方法で和らげることができるのだが、それ以上に辛いのは、大人数のなかにいながら一人の視線にも出会わないときだ」（『共同生活—一般人類学的考察』大谷尚文訳、法政大学出版局）。

孤立は、周囲にたいする無意識的な素っ気なさや変質者的な態度のせいでもあるが、モラルハラスメントの被害者や、つまはじきにされた者、疎外された者、しばしば老人も孤立感に苛まれる。誰にも関心を寄せてもらえないでいると、自分の存在が「無」に化すのである。

孤独感と相対する孤立感には、客観的、外見的な条件がともなう。条件とは、一人暮らしをしているとか、付き合いが少ないとか、人間関係や日常的コンタクトをもたないことだろう。ちょうどそれはウジェーヌ・イヨネスコが小説『孤独な男』（大久保輝臣、宮崎守英共訳、白水社、絶版）の中で書いている。「孤立とは、広大無限の孤独ではない。もうひとつの一般的に言う孤独とは、社会の中での小さな孤独にすぎない」。一九九九年、フランスでの社会的孤独について、国立経済統計局が行なった『日常生活と孤立との関係』という統計によると、一人暮らしは七二〇万人、全世帯の三〇％にあたり、十年前より二五％増えている。NGO八団体が「孤独との闘い」というテーマで二〇〇六年に調査した「孤立と人間関係」というアンケートによれば、五人に一人は日常的に話す相手がいない。主な理由として、友人がいないから（一〇〇％）、一番身近な人を失ったため（四五％）、病気である（三一％）などがあった。

しかし、一般に考えられているのとは逆に、一九九九年のアンケートによれば、シングルの若者で「人間関係で孤立している」と答えたのは、一四％にすぎず、離婚者は二五％、寡夫（婦）は三三％という数字が出ている。

## いつの時代もシングルが多い

孤独が精神状態を指すとすれば、シングルは社会的立場を表わしており、最近はむしろ一般的になりつつある。一九九〇年代からフランスの社会学者――フランソワ・ド・サングリー（『共に自由・共同生活の中の個人主義』、未邦訳）やジャン＝クロード・コフマン（『女の身体、男の視線――浜辺とトップレスの社会学』藤田真利子訳、新評論）、セルジュ・ショーミエ（『恋愛の緩み、ロマンチックな結合から独立へ』、未邦訳）らが、一人者を意味する「シングル」「ソロ」「セリバタン」といった新語を作った。どれもシングルたちが堪能する自由を前面に押し出しているのだが、対象者、とくにシングルの高齢者が抱えている虚無感とうつ状態をも考慮に入れているとは言えない。

先進国でシングルや離婚者、シングルマザーが増えている事実は否定できない。それと比例して彼らに付きまとう孤独感や孤立感も深まる。全部がそうとは言えないにしても。二〇〇四年の調査では、フランスには八三〇万人、全人口の一四%が一人住まいをしている（二〇〇六年版『フランスコピー』ラルース社発行）。三十年間にこの数字は倍加している。国立経済統計局の統計によれば、二〇三〇年にはその割合は一七%にまで達するという。一戸の居住者数も都会では、一九五四年の三・一九人から二〇〇四年には二・一三人に減っている。欧州連合では、二〇〇三年に一億五八〇〇万人が一人暮らしをしている。その傾向は増大しつづける。

統計の数字で注意しなければならないのは、たとえばフランスに八三〇万人の人が一人暮らしをしていると示しているが、彼らのなかには恋人かパートナーがおり、別々の地区で住民登録しているかもしれないのである。もはや世帯はたいした意味をもたない。「同棲しない」カップルや未婚カップル、パックス（連帯市民契約）を交わしたカップル、それもしないカップルというように。そのうえ毎年一二万組の夫婦が離婚しており、また結婚していないカップルが離れ離れになるというケースもあるだろう。また「孤独者」のなかには離婚した親たちも含まれる。彼らは互いの子どもたちを別々に迎え入れて、片親としての親子関係を保っているようだ。

シングルが増えているなかで、年代によってその意味合いが異なってくる。二十〜三十五歳のシングル時代は、「大恋愛」に出会うまでの一時期にあたるだろう。彼らの社会環境が一般的に独身生活者からなっていることから、シングルは孤独者というよりも独立した生活者として捉えられる。したがってこの時期の出会いは未来を射程に入れておらず、長期化する学業のあと安定した職業に就くことはむずかしく、ある女性と将来の約束を結ぶこともむずかしいだろう。二十代なかばに将来を考える女性に比べると、男性は三十歳頃になってやっと家庭を築くことを考えるようになる。したがって三、四十代でも独身でいる男性は女性よりずっと多い。

ダミアンは三十歳になったばかり。この五、六年来、興味ある仕事についているが、まだ安定した職業とは言えない。女性に好かれるタイプなので女の子は簡単に見つかるが長続きしない。「いまー番大事なのは仕事。もちろんセックスも必要だけれど、誰かと関係をもつということは負担になります」。定年になったばかりの父親は、彼が一人の女性と結ばれるべきだと間接的にすすめる。ダミアンからみれば、夫婦生活に失敗していながら、孫の顔を見たいという父親にきびしい。「父の世代の人びとは数回離婚を重ね、そのうえ不倫の相手もいながら、息子に家庭をもつようにとすすめます。彼らの言葉をどこまで信じられますか！」。

中間層の世代が独身でいることは、ある意味で過渡的な時期を送っているからだと言える。三十五歳から四十五歳までの女性のなかには高学歴で、責任あるポストについている者が多く、彼女たちは出産時期を可能なかぎり引き延ばしている。さらに四十五歳以後になると、多くの女性が離婚後の孤独に直面している。離婚の四件のうち三件は女性からの希望による。そしてシングル女性と男性とのあいだの差別も拡大する。統計的に見ても、女性のほうが寿命が長い。男性は年を取りながら自分よりずっと若い女性を選び、新しい家庭を何回ももつこともできるから、男女の差は広がるばかりだ。
六十歳から七十五歳のシニアのなかには非常に活動的な人もおり、恋愛関係をもち、カップル生活を再開する高齢男性もいる。それ以外の高齢者はそのような新たな生活も諦め、孤立する。「もう終わりです。僕の歳では誰も見つかりません。一人でいたほうがいいです」と。
もう一種類の高齢者層には、世界各地を廻るグループツアーなどに加わり楽しく余生を送る人もいる。しかし高齢者の孤独は、何よりも自立性を失い、誰かに依存するようになることだろう。さまざまな活動や旅行、読書などができるうちは、肉体的、知的能力がしっかりしているわけであり、社会環境とのつながりも保っていられる。近親者の死や、健康上の問題や体調の退化、自立性がなくなり、付き合いも少なくなるとき、孤立化がますます進んでいく。六十五歳のマリーの場合――

お祭りは終わったのです。老いぼれて、何の楽しみもなくなり、美しさも失われ、誰も愛してくれない、と自分に言い聞かせねばならないときがあります。ただ立っていられることに満足し、そうすることしかすることがないのです。最期を待ちながら、何かの気晴らしを望めればいいでしょう。

孫や曾孫をもつ、第四世代と呼ばれる高齢者の孤独は、さらに顕著になる。危険な年齢は七十九歳から八十三歳の時期だろう。彼らは衰退が進むと、老人ホームの中でも隔離される。集団生活にあっても、彼らは見放されたと感じ、その孤独感が死を早めていく。老人ホームの高齢者のなかには、ヘルパーとしか人間関係をもたない人が多い。

孤独やひとりぼっちという状態は、後に認知症の芽生えにもつながる。つまり孤独な状態は、定期的な活動や刺激不足により、認知や記憶を司る神経システムに影響を与えるともみられている。したがって一人者は、高齢障害としての精神疾患にかかりやすいという（『孤独とアルツハイマーの関係』精神学者ロバート・ウィルソンによる研究）。高齢者の衰弱は、孤立だけではなく、愛していた者の死による場合が多い。したがって八十五歳以上の死は、独身者や既婚者よりも寡夫や未亡人に多い。

シングルの急増は、彼らを対象とするマーケティングにもつながる。業界は、彼らを対象とするイベントや「特殊製品」を提供するようになる。そして意外な利潤を期待できるのである。なぜならシングルは一般客より多く消費するばかりか、旅行回数も多く、ボディケアも必要以上に多く、できあいの食品、それも一人分の需要がますます高くなる。

そして消費分野と平行して盛んになっているのが、出会いを求める五行広告と結婚相談の増加であり、今日では出会い系サイトが主流を占める。多くの出会いがウェブでなされているとしても、それは幻想を与えるためのえさにすぎず、存在的孤独をごまかすための仮面にすぎない。メディアも、シングルの増加に目をつけて、テレビの連続番組や映画に独身の人物を導入し、カッコいい容姿を前面に押し出し、そのポジティブなイメージにより、自意識や独立心、自立といった独身神話を作り上げていく。しかしながら、メディアの作り上げるシングル像とは、あくまでも社会的に上昇中の、三十歳前後の、高給取りの独身者なのである。しかし健康的で経済的な悩みもなく、職業的にもアクティブな三十歳の「シングル」と、失業中の五十五歳のシングルとのあいだに共通するものは何だろう？　金銭的に貧血状態のシングル、または年を取りつつあるシングルはどうなのだろう？

理想のパートナー探しの幻想

シングルがますます増えていながら、彼らが抱く不信感は消えることはない。「干からびた心」とか「情緒的疾患者」というようなレッテルをはられないような、秘めた恋愛関係を映画やメディアは描こうとする。そうすることによって孤独がもつネガティブなイメージが多少なりとも和らげられ、ポジティブな姿を表わすことができる。しかしながら、カップルや家庭というイメージがどこまでも付きまとう。シングル同士のささやかな対話が生まれても、長続きはしないだろうと思ってしまい、どこまでも「生涯の伴侶が見つかるまで」の一時的な関係で終わってしまう。

問診にくる患者のなかには、孤独そのものの悩みを訴えにくる患者は少なく、むしろ将来を共に送れるパートナー、または頼れる誰かになかなか出会えないことの悩みを打ち明けにくるケースが多い。つまり問題なのは出会いではなく、長い共同生活のできる相手探しなのである。患者たちの生き方からみると、彼らが求めているのは、「生涯の」結婚相手ではなく、衝動的な結びつきや、自立した者同士のカップル、別居カップル、恋愛関係を保ちながらシングルでありつづけ、ときどきアバンチュールを楽しみながらのシングルライフ……。しかしながら、新しいタイプの患者としてあげられるのは、女性に多いのだが、一人で生きることを選んだケースだ。

もちろん、これらの患者はカウンセリングまたは心理療法に来た患者の例であり、彼らの今までの生活が危機に陥り、その経緯を語っているにすぎないという異論も出てきそうだが、自分の生き方をふり返り、自らなんらかの結論を引き出せること自体、今までのようなカウンセリングに望む姿勢とはかなり異なる。

カップルになることで孤独から脱出できると思う人もいるが、しばしばその期待は幻想に終わることが多い。なぜならパートナーは必ずしも孤独を解決してくれるとはかぎらず、単にそばにいてくれるにすぎない。孤独から逃れるために、幻想をもたずにどんな出会いでも、性関係にも応じる用意ができているものの、肉体関係のあとに残るわびしい後味の悪さは拭いきれない。男性も女性も誰かと関係をもち、できれば恋愛関係を、と望みながらも深い結びつきになることを警戒する傾向にある。関係をもちたいのだが、不満が生まれたときにはいつでも別れられることが条件となる。

患者との問診でわかることは、彼らが二重の希望を抱いていることだ。一方ではカップル生活の安定性と、もう片方では、実力と個人主義が支配する現代社会で自分の能力を発揮できること。いかにしてこの二つの希望条件を融合できるのか。ロマンチックな恋愛と、個人の能力を開花できる自立空間を両立させることのむずかしさだろう。

社会的関係の基礎であった結婚は、もはや確固とした価値観ではなくなっている。今日のフランスで、既婚者二組のうち一組は離婚で終わっており、都会ではこの現象が著しい。一人または数人の子持ち夫婦は、子どもたちが自立するまでは離婚するのを延ばす場合が多い。しかしながら今日、離婚は年代に関係なく、多いのは、結婚後二、三年後、または子どもが巣立った後に生じる。国立人口研究所の統計によれば、六十歳以上の離婚件数は、一九八五年から二〇〇五年までに倍増している。

また新しい傾向として、女性による離婚申請が増えており、七〇%近くは女性によるもの。以前は離婚を希望する女性が少なかったのは、女性が社会的、経済的地位をもっていなかったからだ。現在は、夫による肉体的、精神的暴力または不倫などが理由の場合は早期に、また母親の役目や子どもの養育時期がすんだ時期に離婚を申請する傾向にある。

戦後生まれのベビーブーマーと呼ばれる女性にとって安定した生活とは、夫婦生活を送ることだった。二〇〇〇年以降は異なり、今日の若い女性たちは自立のなかに安定性を求めている。男性、女性ともカップル生活を求めながらも、それを信じなくなっている。無意識的に夫婦生活を望み、パーフェクトなカップルとなれるパートナーを探しながらも、その願いがあまりにも強いために、一種の幻滅を覚えさせられ、それが叶わないことで、さらなる孤独感を覚える危険性もないではない。しかしながら、孤独は苦痛の同義語とはかぎらない。

# I

# 不可能な出会い

## 2　女性の独立

「もはや男性には幻想を抱いていません。見極めてしまいましたから」

クリスチーヌ（五十二歳）

女性の自立と性的自由は、男女関係を著しく変えた。それはカップル関係に変化をもたらした原因でもあり、そのあり方に疑問を投じたのも女性たちだ。一夫一妻制は、男性が女性の育児を助けるためだったのだが、今ではシングルであれ、カップルであれ、女性はシングルマザーとして一人で子どもの面倒をみるようになっている。では男性がどうして必要なのか。人類史上初めて、夫婦生活を送らなければならないという必然性がなくなってきている。もちろん愛情は存在するが、男性が求めるものとかみ合わなくなってきている。

### 仕事・解放・拘束

女性にまず大きな変化をもたらしたのは、職業的活動だろう。まだまだ社会的、経済的にも男性と平等とは言えなくても、フランス女性はますます職業につき（就労率四七・五％）、高学歴の女性も増えている（二〇〇五年、バカロレア以上の学歴者は五一％、男性は四三％）。しかしながら、女性たちは就労人口の四六％を占めていながら、企業内での幹部クラスは二四％、経営陣のポストを占めているのは六〜八％にすぎない。メディアが女性の成功例を取り上げることがあるが、職場での男女格差は歴然と存在する。同じ能力をもちながら女性の給与は男性より一五〜二〇％ほど低い。そして男性が希望しないポストに異動させられる女性が多いのは、それだけ女性の待遇が悪いからである。

以前はもっぱら女性は、家政婦、教員、看護婦といった、昔から女性に与えられたポストにしかつけなかった。それらは独身女性に向いていた。伝統的に男性に向いていた職種で女性が成功したりすると、「彼女は男まさりだから」と指差されたりしたものだ。たしかに時代も変わり、女性も護身術の訓練を受けたり、日曜大工をしたり、軍隊や警察に入る女性もいる。男性と同じ職業につくことは、産業界を含め、ほとんどの分野で自動化が進んでいるだけに肉体的負担もそれだけ軽くなっている。しかし機械を操作することはむずかしく、日常生活においても男性の保護と援助が必要だと信じ込まされる。このような常識は根強く、またそれを受け入れることで、ますます女性のハンディを増していくことになる。

七〇年代以降、女性の置かれた状況は改善されたが、実質的な平等を獲得することのむずかしさや、彼女らの能力が正当に認められないことを訴える女性が絶えない。職場で、家庭で、そして性生活のうえでも非常な努力をしていながら、夫またはパートナーとうまくいかないのは、彼女自身が充分に努力していないからだと思いこむ女性がかなりいる。

女性にとって職業は自分の能力を発揮させ、自分自身を確立できる手段でもあるのだが、男性は、妻またはパートナーが仕事につくことは収入源を補うことくらいにみなし、万が一、自分が失業した場合の救助策とみなす傾向が強い。大半の女性が職業についているのだが、単に解放を求めて働いているのではない。経済的に家族を養うためには二つの給与を必要とし、また自分が一人になった場合に備えての安全策なのである。一般的にカップルの女性の収入は補足的なもので日常の消費に当てられ、男性の所得は高額の出費や住宅ローンなどに当てられる。このような負担額の割当は、生活がうまくいっている場合は、たいして問題はないのだが、離婚となると、深刻な問題となりかねない。共同で購入した住居ながら、男性のほうが月々ローンを支払いつづけた場合、離婚時に財産分与の問題が生まれる。

一方、女性は自由と自立を得ながらも主婦の仕事を放り出すわけにはいかず、ますます雑用が増えるにもかかわらず、やり抜くのである。どんなに仕事に追われても昔ながらの家事から遠ざかることはしない。どんなモダンなカップルの家庭でも、家事の八五%は女性が受け持っている。離婚前に男性が受け持っていた雑用も含め、女性はすべての役をこなす総指揮者となる。子どもの養育から家事、近親者の世話までとなると、彼女らにできる仕事も時間も限られ、低所得のパートの仕事に甘んじざるをえない。

一九九九年の国立経済統計局の調査によると、フランスのカップルの仕事の分配図は、三十年前の統計とほとんど変わっていない。女性は一週間のうち平均三三時間を家事、買い物、洗濯、育児などに費やしている。家庭で男性がたまに手伝う感じでする家事と、女性がいつもしている家事とは、不快感や疲労感、拘束感、責任感において同じとは言えない。共稼ぎのモダンなカップルにおいても、女性は週一六時間を家事に費やし、男性は六時間にすぎない。そして家事を手伝う男性はとかく簡単な雑用（皿洗いや買い物、掃除機をかけるなど）を引き受けるので、多くの女性はごまかされていると感じざるをえない。男性側に言わせれば、女性こそパーフェクトな主婦のイメージから抜けきらず解放されていないと言う。しかし、男性が家の中でぶつぶつ不平を言うのを聞いたり、いやいやながら家事を手伝ってくれるよりは、女性は自分でやってしまったほうがいいと思うのだ。

## 自由の落し穴

経済的な独立は、自立した女性の重要な条件だが、それだけでは充分ではない。彼女らが高給取りであっても、どこまでも家庭内の自分にこだわってしまう。カップルの関係が良くなかったり、子どもが病気になったりすると、女性はその責任を自分に負わせる。連れ合いに家事などの分担を期待できないとき、女性が家事に専念するのが普通だと思い、必然的に男性の影に隠れてしまうことになる。子どもがいる場合、親権は平等であるのだが、子どもの面倒をみるため、女性の方が仕事を減らし、また子どもが学校で負傷したり病気になったりすると、彼女の職場に校長から電話がかかり、「子どもの負傷や病気のため病欠する」ことになる。

離婚した女性のなかで、かなりの女性はシングルマザーとなるが、離婚前の家庭生活に比べて、ほとんど束縛は減っていないと言う。二人の子どもをもち、広報関係の仕事をするララ（四十五歳）は語る。

誰かとカップル生活を送るたびに、私自身の個人生活の大半を諦めざるをえませんでした。子どもが小さかった頃、仕事量も減らし、外出するのも諦め、大学でのポストも断りました。子どもたちの父親が「おまえは母親なんだから」と言って、家事を分担しようとはしなかったからです。家庭内でわたしは、買い物から食事の用意、子どもの宿題まですべてをやりました。主人は家計をつけ、バカンスだけを受け持ちました。離婚後、新たなカップル生活を試みましたが、以前より良いとは思えないので、今のところシングルです。

自分の計画を実現することを諦め、そのかわりに多くの女性が連れ合いのプロジェクトに全身全霊を打ち込むのだが、危険がなきにしもあらず。長年の結婚生活を送り、自分の仕事も諦めた女性のなかには、ある日、突然路傍に捨てられることもあり得る。役者・作家でもあるマリエット（六十二歳）は辛い経験を語る。

カップル生活の初期、私は演劇俳優である彼を売り込み、賛美し、彼のどんな提案にも手を貸しました。今は熟しきった六十歳の彼は、若い女性に受けがよく、思う存分、蝶々のように羽をのばしています。

今や土台をも失った私のような年取った女には、もはや取りつく島もなく、経験や生活のノウハウ、精神面においても関心を寄せてくれる人はいません。更年期を経たあと、女性ホルモン以外のもので何かを築き上げることは可能なのかもしれませんが、この未知の道をまだ歩んだことがないのです。

ベビーブーマー世代は、彼らが選んだモダンな人間関係の落し穴に落ちたと言える。自立や男女平等などを要求しながらも、夫婦の伝統的な関係に執着してきたのである。そのなかには懸命に、それを維持するために努力する者もいる。利他主義的愛とも呼べるもので、男性の失敗を修復してやったり、アルコールなどへの依存症や暴力体質なども治してやろうとする女性である。そうした男性たちは、わらにもすがるように彼女に依存するようになる。離婚したエリザベート（四十九歳）は大学教授。彼女の体験を語ってくれる。

少女時代、私は兵隊さんになりたかったのです。そして優しい王子さまに愛されたかったのです。若い頃、男性を誘惑しようとしました。彼らを援助したり助けることはできないので、快楽を与えました。今は誰でも助けます。昔の恋人は、私がもう彼を欲しないのではないかと心配しますが、大切なことを決める前に必ずわたしに相談します。母親の死以来、父を助け、苦しい時期を送っている古い友だちもいます。これらの男性を愛しているのですが、彼らの悩みを背負うには重すぎます。彼らはあまりにも私に頼りすぎます。ヒマワリが太陽に向くように私のほうばかり向いています。私は、彼らの松葉杖役を演じつづけるのに疲れきっています。

この役から逃れるために、この夏は二人の女友だちとバカンスに出ます。私たちは、皆人生の曲がり角に来ているのです。一人で暮らしながら仕事にも幻滅しています。私たちよりもきびしい苦境にある、脆くて弱い男性たちを支援したいと思うのですが。

女性は一般的に、人のために存在し、何よりも人の気持ちを考慮に入れて暮らすことに慣れ、自分自身の欲望を考えなくなる場合が多い。あくせく働き、すべての面で頑張る体質とも言える。彼女たちは常に存在感を示し、働く権利を主張し、良い妻であり、母親であり、恋人であり、良い娘である……ことを示さねばならない。彼女が悩む時期にあっても、それを外には見せない。なかには男性と共にいるとき、なぜか無意識に彼の影におさまろうとする。「誰か世話をする人が側にいるかぎり、私は一人でいるとは思えないのです」とエリザベートは言う。

以前は女性たちは男性に仕え、ひかえめで、従順で、拘束や屈辱をも受け入れていた。ジャンヌ（四十五歳）は離婚後、三人の子どもを離婚した夫と交代でみている。

結婚生活時代には自分の時間がもてなかったのです。日中の仕事、夜は子どもの世話、家事、食事の用意、夫がすすめる「強制的なレジャー」と、一分たりとも自分の時間はありませんでした。たまに何もしないでいいときでも、子どもに「外の空気を吸わせる」ために田舎に連れて行かねばなりません。私がいやな顔をすると、「甲斐性がない、エゴイスト、怠け者」と言われます。

離婚して以来、有効的に時間を使えるようになりました。子どもと一緒にいるときでも、読書や書きものをしたりし、自分のためのレジャー……ディナー、展覧会、女友だちと映画を観に行ったりします。性生活は一人か二人の独身男性とで間に合います。夫婦生活をやりなおすのは時間の浪費と思えます。今の私の暮らしにはそのスペースもありません。

多くの人びとが、伝統的な生き方、つまり女性は家庭や個人関係に携わり、男性は公的生活と職場を担うという社会通念から抜け出られないでいる。社会的、職業的に成功した女性の対極に、大恋愛を勝ち得た女性を置きがちだ。つまりカップル生活に成功するには、女性はキャリアをある程度抑えるべきということになる。もし女性の個性が強すぎる場合、男性は「奥さんに敷かれている」と、人に同情されるだろう。反対に男性のほうが個性の強い場合は、奥さんが彼の後ろにひかえているのが当然とみられる。職業的に女性があまりにも成功しすぎると男性は動揺し、逃げていくか、または暴力的になる。エリザベートは、それに耐えられなかったのである。

男性を怖がらせないためには、どうすればいいのでしょうか。自分自身以外の役を演じ、弱々しい女性という茶番を演じて、男性のエゴを守ってやるべきなのでしょうか。

## 自立を要求

女性たちは自立することを望み、そのために、まず夫婦生活を変革するために努力する。今日の多くの女性たちから見て、伝統的な夫婦生活は、彼女たちのキャリアの成功や社会的開花を果たすうえで足かせになりかねない。そのため一人の男性と織りなす日常生活を拒む女性が増えている。すでに過密な生活に余計な拘束を加えることになるからである。高収入で、刺激のある職業、社会的活動を楽しむ女性たちの要求は高くなっている。恋愛関係を持ちたい、でも自立を失いたくない。医師であるアニック（五十二歳）は、この面をはっきり言う。

男性は必要でないのです。収入は高く、物質的に何ら不足していません。一人でバカンスに行き、たくさん友人もおり、毎日を自分の好きなように楽しんでいます。

一九六〇年代、米国人フェミニスト、ベティ・フリーダンは、当時の指導者たちが、いかに女性のアイデンティティを剥奪して、夫婦生活の中に閉じ込めようとしていたかを書いている（『新しい女性の創造』三浦富美子訳、大和書房）。今日、女性たちは、彼女ら自身が占める位置を探し求め、自分のアイデンティティを見つけ出すためには一人でいなければならない、と主張する。ますます強まる個人主義と才能の発揮や物質生活が充たされるなかで、女性たちは、世間がうたう安楽な夫婦生活のために自分の独立性まで犠牲にするのを拒み、昔から女性に課されてきた日常の雑用に時間を浪費することも拒否する。夫と子どものためにつくす「家庭の主婦」という女性像は、もはや現代の女性には当てはまらない。「だれだれの奥さん」にはなりたくなく、彼女個人として存在しようとする。そしてある男性と関係をもつことは、彼女の人間的蓄積のうえでプラスアルファになると思えばいい。

フェミニスト運動は、女性たちに自分たちの置かれている状況を意識させたことはたしかだが、もはや取り返しのつかない結果をもたらした。つまり女性たちが高質の人間関係を求めるようになったからだ。まず女性を安心させてくれて、同時に彼女が自慢できるような才能を持ち、彼女を喜ばせてくれるパートナーを求める。そして男性との肉体関係のなかに、優しさとセックスを同時に感じ取りたい。今でも女たちは「優しい王子さま」を求めつづけるのだが、誰でもいいというわけではない。相手が自分の性格を受け入れてくれないのなら、一人でいたほうがいいことになる。シルヴィ（三十歳）は、独占欲の強い男性と離婚した。彼女が出会いたいという男性のプロフィールを語ってくれる。

私にとって独立と孤独は何よりも大切なので、相手には彼自身の生活と友人関係、仕事や外出の楽しみももっていて欲しいのです。ただ彼が私を愛し、気を配ってくれて、存在を分かち合えればいいと思います。私と付き合うということは、別に私のためにすべてを排除し、私のためだけに生きてくれなくてもいいのです。それとは逆に、彼自身の生活をつづけながら、もう一人の女性とそれを分かち合ってくれてもいいと思います。私の描く男性像とは、情熱的に二人が合体しなくてもいいし、共存するということは、別に肉体的ではなく、むしろ精神的、敬愛的な関係だと思います。欲するときだけ会い、互いの「秘密の庭」とプライバシーを尊重し合えることです。

男性の言うままにならないこれらの女性を、男たちはきびしすぎると言う。男性は職場で成功し、ダイナミックな態度を示し、社内の責任を担うことに苦労する。女性のなかには愛情面で主導権をとり、ときには男性のマッチョ的（強靭的）な面を利用し、女性ドン・ジュアンを演じ、「男を消費」することも恐れない。彼女たちは男性にすべてを要求する。男性的で背が高く、安心でき、しっかりしていて、でも本当のマッチョではなく、それでいて女性的な面も必要……と、シルヴィはつづける。

私と平等であるためには、マッチョではなく、独占欲のない男性でなくてはなりません。信頼でき、安定感があり、もの静かで端正な人、知的で話していて面白い人、打てば響くような人で、笑わせてくれる人。愛するには尊敬できる男性でなければなりません。ですから私が面倒をみなければならないような弱い男性には耐えられません。パートナーとなる男性が、わたしの知らなかった地平を拓いてくれて、発見させてくれることを望んでいます。

これらの「モダンな」女性たちは、昔の女性が身に着けていたコルセットの締めつけた息苦しさには、もはや耐えられないことは、別に驚くにあたらない。

## 熟年ベビーブーマー女性と新しい孤独

他の世代にも時代の変化が及んでいるのだが、一番大きな変化を受けているのはベビーブーマーと呼ばれ、二〇〇〇年代に五十から六十歳になった女性たちである。彼女たちは女性解放を信じ、仕事につき、職業、夫婦、家庭生活とすべての面で成功することを望んでいた。彼女らは同時に優秀な職業婦人になり、良い母親になり、魅力的な恋人にもなれるように努力した。仕事に打ち込みながらも夫婦生活を守ろうとした。しかしながら同時期に、この世代の男性たちはフリーセックスの波にのり、浮気することを楽しんだ。妻である女性たちは欺かれたと思わざるをえない。司法官であるジーナ（五十一歳）は語る。

結婚生活十五年、パパは「仕事をしている」ので、私は一人で子どもたちを育てました。私も仕事をもち、夫と同じくらいの給与を稼いでいました。その間、わたしは完璧な主婦であるように努めました。夫のコレステロールの上がらないように均衡のとれた食事から、子どもには野菜と果物、家事全般……それから演劇やコンサートの予約まで、夫はそういうことはわたしのほうが慣れているからと言って全部私にさせました。さらに彼の情欲を高めようと、私は魅力的で、セクシーになることにも努力しました。結果として、夫は家庭を破壊したくないと言いながら、たびたび不倫を重ねました。

私は離婚を要求しましたが後悔していません。一人暮らしをするようになって以来、充分に時間がもて仕事にも打ち込め、いまは責任あるポストにあり、経済的にも余裕があります。離婚した夫は私の経済力にかこつけて、外国の大学に行っている子どもたちの養育費も払わないのです。子どもたちのために残念です。でもわたしは意地汚い親同士の係争に入るよりは、自分一人で責任を全うしたいと思っています。

夫と満足できる関係をもてなかった熟年女性たちは、孤独な生活を選ぶ――性関係がなくなっても。もはや束縛のない生活では、スポーツやレジャー、旅行なども楽しめ、今まで以上に安定した満足感を味わっている。多くの女性たちにとって、恋愛とは、苦しみと依存が織りなす起伏でしかない。このように女性たちは、自分の自由を保持するために、誰かに依存することを止める。そのため愛情関係の入り込む余地もなくなるわけだが、一夜のセックスや快楽まで排除するわけではない。

男性にたいする新しい警戒心は、さまざまな形をとって現われる。多くの女性は、男根崇拝の対象として男性を自分のものにしたいのだが、それもオーラを失い、ナイーブな、脆い男になり下がるや幻滅を覚えざるをえない。結婚生活で無視され、暴力を振られた女性たちは、男性を信じなくなり、好意を示す男性をも疑いの目で見るようになる。ある女性は、感情まで排除し、異常なまでに誰にも依存しないことを主張するようになる、「私は誰も必要としない！」と。またある女性は、深い恐怖心をもって、如何なる批判にも反発するようになる。「男性は愛情に乏しく、セックスだけに惹かれる」と批判し、男性のいない世界に引かれるようになる。

パメラ・サルジャン（一九四八年〜。SF小説『The Shore of Women（女性の浜辺）』、未邦訳）は、原爆によるホロコーストの後、男女が別々に暮らす世界を描いている。女たちは文明とテクノロジーが残る都会で暮らし、男たちは群れをなして草原や森をさまよう。男たちは無知のなかに居つづけ、彼らの精子を「提供する」ようにと呼びかけられたとき、天恵を受けたようにエロチックな快楽が得られる電子的幻覚をむさぼる。

この極端な物語は、たぶん西洋諸国のベビーブーマー世代のかなりの女性たちが抱いている無意識下の感情をずばり表現しているのではないだろうか。かつてのパートナーに落胆し（彼女らは被害者とみなす）女性は非常に警戒心が強くなる。そしてこの世代の女性たちの男性にたいする警戒心は、しばしば娘たちに引き継がれる。男性に欺かれ、捨てられ、暴行を受けた母親をとおして、娘たちは男性にたいし、どのようなイメージをもつのだろうか。両親が財産分与や親権問題で醜く争うのに立ち合った娘たちは、カップル生活をどこまで信じられるだろうか。カップルには、もはや恵みのような愛のイメージは存在せず、破壊的なイメージしかない。

スーパーのレジ係マリア（三十七歳）は、三人の子どもを育て上げたシングルマザーだが、男性恐怖症に悩む。

私は一人です。いつも一人暮らしをしてきました。男性は信じていません。彼らはセックスだけを求めるので、彼らを頼りにしていません。今は息子を育てながら働くだけです。息子と、二人の女友だちだけで充分です。人びとは常に問題を抱えていますけれど、複数のパートナー、それぞれから暴力を受けた母のようにはなりたくないのです。

今日の女性たちの多くが一人で暮らしているのは、男女関係が変わったことと、以前より女性の男性にたいする要求度が高まったためだが、人口の変化にもよる。なぜなら二〇〇〇年代以降、五十代からの男女の孤独の分布図が変化しているからだ。男女の割合（男一〇五人、女一〇〇人）は、三十歳までは常に男性のほうが多く、五十五歳まではほぼその割合は変わらない。それ以降の年齢になると、女性のほうが多くなり過半数を占めるようになる。二〇〇三年には女性三〇七〇万人に対し男性は二九〇〇万人。六十〜七十四歳の女性は五四％を占め、七十五歳以上は女性が三分の二を占める。

しばしばシングル女性は都会に住み、高学歴の女性（管理職のエリート女性は五人のうち一人にすぎない）が多い。シングルライフを自ら選んだにしろ、少なくともそれを受け入れながら、彼女らはウェブサイトでパートナーを探したりもする。十九世紀の独身女性（女工や召使い、農家の手伝い、持参金などない貧困家庭の娘など）は、一般的に下層階級に属していたが、今日のシングル女性の多くは高学歴で有資格のエリート層に属する。

今日のフランスで、前述したように、多くの場合、物質的、経済的に女性にとって困難がともなうにしろ、離婚を要求するのは女性側である。そして離婚後、彼女らのほとんどが「ほっとした」「やっと気ままに暮らせる」「何も自分を拘束するものがない」と述懐する。彼女たちの前の世代の女性たちは、是が非でも結婚をし、聖女カトリーヌ祭（二十五歳の未婚女性の祭）で相手を見つけられるのを願っていたものだが、現在は、男性よりも女性のほうが結婚式を挙げるのを拒むケースが多い。彼女たちの母親は、義務教育そこそこの者が多い。彼女たち自身が外で働いたことのなかった母親に育てられたか、または家族のために家にいたほうがよいと夫に忠告されたケースが多かった。多くの母親が結婚生活による束縛や夫の浮気をこぼし、経済的に自立できないため離婚もできないと嘆くのを見てきたのである。

## 孤独を選ぶ

夫と別居または離婚したあと、伝統的なカップル生活を再び始める女性は少ない。彼女たちは、自分を取り戻すために、誰かと一緒になることも、自分を再構築するためにも時間が必要だと言う。新たにカップル生活を始めるとき、女性たちは条件を提示する。ララ（四十五歳）のように。

カップル生活を再び始めてもいいのですが、それだけやり甲斐のあるものでなくてはならないと思います。相手がただそこにいるだけではなく、プラスアルファのものをもたらしてくれて、経済的な安定と、グレードアップした社会環境に導いてくれて、精神的、文化的な刺激をも与えてくれて、未知の世界へと導いてくれる新しいパートナーを望みます。

ほとんどの女性が、恋愛のからまる男女関係を望まなくなっているのは、いつも相手を引きつけていなければならないことや、どちらかが上位に立つ力関係、そしていつ捨てられるかわからない不安に疲弊しきっているからだ。新しい相手を探そうとするのだが、そのためには気分的にもそのための準備ができていなくてはならない。まず過去の頁をめくり、新たな生活を計画し、女性美を押し出すことが必要となる。なぜなら男性は、彼らの性欲を引き上げてくれるようなセクシーで、軽快な幻想を与えてくれる女性を求めているのだから。過去の生活にうんざりしている女性には魅力もなく、経済的にも余裕のない女性とは共に灰色の生活を送りたくないから、少なくとも経済的に自立している女性――そして幸せであるというコメディを演じきれる女性を求める。しかし、彼女がフラストレーションを鎮めるための抑うつ剤を呑みながら、招待客の前で果たして魅力的な女性の役を演じられるのだろうか。

はかり知れない努力をし始める前に一部の女性は諦めてしまう。彼女らがどんなことを語り、女性ジャーナリストたちがどんな記事を掲載しようが、ますます多くの女性にとって恋愛関係は優先的問題ではなくなっている。女性たちはまずキャリア女性としての生活を確立し、経済的な安定性を確保し、その次に安定した恋愛関係を求めようとする。ベアトリス（五十七歳）のケースを追ってみよう。

恋愛を信じないわけではないのですが、相手の世話をすることはもうたくさんです。今まで働きながら子どもを育て、病床に伏す両親の面倒もみてきました。これからは私の面倒をみてくれる相手と出会いたいのですが、それは無理だと思うので、一人でいたほうがいいのです。

今日、女性が自立すると、彼女が離婚していた場合、カップル生活を始めるのはますますむずかしくなる。自分の時間とお金、レジャー、友情まで管理し、日常生活を自分の好きなようにコントロールできることに真の喜びを見出そうとするからである。この充たされた孤独を生きる女性は、しばしば完璧主義者であり、落ち度のない女性であり、過度に自分を制御しすぎるのかもしれない。苛酷な経験を生きた女性たちの多くは、ララ（四十六歳）のようにシングルライフを望むようになる。

主人は家のことを何もしなかったので、家の管理から買い物、日曜大工、子どもの宿題、学校との関係、レジャーまで私一人でこなすようになっていました。こうして怠りなくすべてをやりこなしました。しばしば手助けしてくれるように頼むのですが、やってくれてもヘマばかりで、結局わたし一人でやってしまったほうが無難です。私たちは、別れる前に夫婦問題カウンセラーに会いに行ったのですが、そのとき彼は「家庭の中に僕の居場所がないように感じる」と言ったのです。彼が家にいてもいなくても、家庭は私が管理しなければならないのです。彼と別れてからも日常的には何も変わらないのですが、相変わらず心配事が多く、雑用は絶えないのですが、今は自分の好きなように暮らせるのです。

シングルライフを選んだ女性にたいし、クラシックなカップル生活を送っている者の目から見ると、不安な側面を見ずにはいられない。彼女たちが自責の念に苛まれているだろうと、外からは憐憫《れんびん》の目で見られがちだ。彼女らに同情し、何か問題を抱えているのだろうとか、むしろ被害者として見るのである。昔は一人暮らしの女性を憂えたものだ。彼女らを魔女とみなし、公共の広場で火刑に処した時代もあった。彼女らは完全な自由をもち、何でもでき、男性の権力を脅かすから追放したほうがよかったのである。夫婦たちは彼女を警戒し、色情狂の女に夫をとられるのではないかと恐れていた。教師であるコリーヌ（四十四歳）のケースを追ってみよう。

私は、夫との生活にあまりにも退屈し、彼と別れたのですが、もう一度カップル生活にもどる気はありません。良識的な生活に落ちつくのはかえって淋しくなるのではないかと心配です。でも男女関係というものが恋しくなる気持ちにもなります。シングル女性は、女同士のサークルをつくり、一緒に何かをするということくらいですが、問題なのは、カップル同士の出会いから除け者にされてしまうことです。結婚している女性たちは、いつか自分の夫が独身女性に盗られてしまうのではないかと恐れ、私たちを避けようとするのです。

女性が自由で独立していると――以前は男性の特性だったのだが――ややもすると男性的なマッチョ

な態度が身につくとみられる。だがそれも少なくなり、今日ではシングル女性は、以前のように皮肉られたり同情されなくなっており、社会的な圧力も少なくなっている。

社会的に女性の一人暮らしは常に簡単とは言えないが、彼女らのほうが男性よりも孤独に適応できる。それは女性のほうが社会的に豊かな知的、文化的活動を営んでいるからだ。他人の面倒みがよく、はたから見るとエゴイズムととれる孤立主義とはかなりの隔たりがある。たくさんの人びとと会っているので、シングルとは感じられない。新しいライフスタイルとして、気の合った女性同士で集い、心を発散させ、笑い合い、批判されることなく何でもぶちまけてしまえる女性同士のディナーなどもある。孤独な生活に満足し、さらになかには田舎や山地に身を置く女性もいる。エレーヌ（三十九歳）の場合はどうだろう。

解雇されたあと、パリを離れ、数匹の猫と共に小さな田舎の家に落ちつきました。都会にいると、静かな場所にいても、常に「ひとりぼっち！」でした。職場にいたとき、リストラがあり、社員同士のあいだにライバル意識が強くなり、自分のポストを保つために誰もが互いににらみあう陰湿な闘いがくり広げられました。このような社内の人間関係に耐えられなかっただけでなく、臨時職からさらに臨時のポストへと、最後には派遣社員にまで引き下げられました。

愛情面では、別居したあとだったので、もうすこしものがはっきり見られるようにと時間が必要でした。愛されるための条件を吹っ切りたかったのです。もう誰も必要とは思いたくなかったのです！　僻地に居をかまえることはかなり困難でした。隣人との接触のないことと、物質的なきびしさが重くのしかかりました。じきに平安と静けさと、朝早く田舎道を散歩するときの澄みきった優しさをも堪能できるようになりました。生涯、この隔離された生活を送ろうとは思いませんが、パリに戻ることは考えられません。

女性たちは、今まで暮らしていた場所から離れることを選び、離別または相手の死後、自分を再構築するための手段を求めるか、あるいはひと休みして自分探しを始める。そして、ある者は新しいライフスタイルとして孤独を選ぶ。このような女性にとっては、すべてを一人で管理できることが大切だ。その自由には、疑念や、辛さ、捨てられたという屈辱感が付きまとうが、勇気をもつことの試練であると同時に、孤独がもたらす真の自由を堪能できることでもある。この生き方を選ぶのは男性より女性のほうが多いというのは、彼女らの自立はすでに経験したものではなく、自ら見出すものだからである。

精神分析学者は、女性たちが孤独を選ぶのは、女性の体内に父親が宿るからだという仮説を打ち出している。「娘とカリスマ的な父親の関係は、あまりにも根強いため、誰も彼のかわりにはなれない」（アルベルト・エゲル著『女性意識の芽生え』、未邦訳）。それはむしろ、専制的な夫の支配を忍んだ母親への落胆、またはフラストレーションの溜まった、愛情不足の母親への反動のためなのか。これらの女性たち全員が「母のようにはなりたくない！」と言う。田舎に引っ込んだ幾人かの一人暮らしの女性の証言を集めたフランソワ・ラペール著『都会から離れたシングル女性たち』（未邦訳）は、これらの女性たちの共通点として、母親なしの子供時代を送ったか、母親が優しくなかったことが、彼女たちを孤独に導いたとしている。

女たちの連帯

自立を求める女性たちには、他の女性たちとの暗黙のつながりと支援がある。イネス（六十歳）は夫とのあまりにも突然の離別で非常に苦しんだが、友人たちに強く支えられ、やっと自分を取りもどすことができた。彼女は友人たちにたいし、以下のように書いている。

あなた方の何人かはお互いに知り合い同士です。何人かは互いに似ています。他の方は全然似ていません。でもひとつの共通点は、あなた方が私の友人であることです。わたしが完全な闇の中にいたとき、あなた方は、私に道を教えてくれて体を支えてくれました。そして再び生きる力を与えてくれました。皆さん全員がこう言ってくれました、「日中でも夜でもいつでも電話してね！」と。

あなた方は自宅に私を泊まらせてくれました。一時は、ネグリジェと歯ブラシを数カ所の家に置いたままでした。あなた方は何度か私を誘いだしてくれました、「明日はどうするの？」「何も……」「じゃ、荷物を作りなさい、海岸に連れて行くから」、さらに「今夜はジャズフェスティバルがあるから行こうよ」というふうに。すべて信頼して、あなた方のなすがままにしました。私一人のために美味しい料理を作ってくれ、カーブから極上のワインのボトルを探してきては「どうお？　このワインは」と味わわせてくれ、また映画のカセットコレクションからとっておきの作品を選んで見せてくれました。

あなた方と私は泣き、そして笑いました。男たちの悪口を言い合いました。「夫が私にどんなことをしたか知らないでしょう」「まさか、信じられないわ！」「ほんとうよ、嘘じゃないの！」と、私たちは解放されたように大笑いしました。

あなた方は私を抱擁し、一緒に波の音を聞きながら海辺を歩きました。新しい衣服を買い、部屋の模様替えをし、私にルックスを変える気持ちをおこさせてくれました、私が電話をすれば、何時間でも聞いてくれました。夜の十一時でもパリを横切って私の家まで来てくれて、ほんの数時間、寝椅子で寝ていってくれました。

現在の心の平安と喜びを味わわせてくれたのです。あなた方は心暖まる言葉で話してくれました。私の言葉を聞いてくれて、私に「グラシアス　アラ　ヴィタ」を歌わせてくれました。あなた方が私にしてくださったこと、あなた方を知ることのできた幸せ、素晴らしい女性たちがなす友情の環の、はかり知れない大切さを今さらに感じ入っています。

これらの女性たちは、彼女たちのあいだに紡がれた関係のほうが、男性との関係よりもずっと深く豊かなものであると言う。「レズビアンでないのが残念！　レズビアン同士ならどんなにかことが簡単でしょう」。女同士の心地よい関係には性欲が混じらないからだろう。彼女らが男性を好まないわけではなく、女同士の関係はどこまでもシンプルであるということ。彼女らは暗黙の共犯関係のなかに爽やかな澄みきった笑いと、何よりも深い連帯感を感じ合うのだった。クリスチーヌ（五十三歳）は社会福祉課のアシスタント。

私の女友だちは、私のはきはきしている面が好きなのでしょう。女同士だと共通の楽しみを分かち合い、笑い合えます。それが男性といるときはふざけられないのです。彼らが望むような格好をし、スカートをはき、色も暗いカラーにしないとか。もはや男性にたいして幻想はもっていません。だいたい見極めてしまいましたから。男性よりも仲のいい女友だちのほうがずっといいです。私が優しくすれば、それだけ多くの優しさが返ってきます。

シングル女性たちは、彼女たち同士でかたまりがちだ。一人の男性と生活することなど考え及ばない青春期の少女同士がふざけ合い、気を引き合ったように。解放された身になると、一部の女性たちはすべての可能性を手中におさめたと思える。一人の男性と結ばれるということは、その他の多くの男性を諦めることにもなる。「自由の身なのだから、他の男性をも惹きつけることができる」という女性は、何よりも自分自身に気に入られようとする。

## 子どもをもちたい欲求

孤独を選ぶのは、熟した女性にかぎらず、もっと若い女性にも当てはまる。高学歴で責任あるポストについている女性は、カップル生活に入るのをできるだけ遅らせている。いよいよ世帯をもとうと思うときには、すでに四十歳近くになっている。そのときに子どもをもつか、それとも子どもなしの生活を選ぶかの選択を迫られる。男女の身体が不平等にできていることはたしかで、男性は子どもをもつのに期限がないのに、女性は子どもをもつには生物学的に時間を延ばすことはできない。
意識的か無意識的にか、このような情況にある女性は、子どもをもつためだけにカップルになろうとし、母親になりたいがために、子どもの父親を探そうとする。エステル（三十七歳）の場合を見てみよう。

子どもをもちたいと思いますが、父親になってくれる人がいないのです。シングルのまま子どもをもとうとは思いませんが、四十歳になっても一人だと思うと、やっぱりどうにかして子どもをもとうと思うのです。

今日、子どもをもつことはもはや偶然によるものではなく、出産時期を自分で選べるのだ。父親を探すのより、子を産むほうが簡単なのだが、三十歳を過ぎると女性のなかには父親になる男性を探し始める人もいる。理想的な男性に出会わなかった女性が四十歳近くになると、人工受精を受けられるベルギーの医療施設を訪れる（訳注：フランスでは人工授精は、一九九四年法により、最低二年以上の共同生活を送った異性カップルだけに許される）。ミュリエル（三十六歳）の経験を追ってみよう。

私は、二、三年のカップル生活を何回か送ったあと、ある男性との関係から妊娠したため結婚し、パリに落ちつきました。残念なことに、引越し後、間もなく流産し、夫が去っていきました。流産によるショックを受けたのとほとんど同時期に夫との離別という痛手を受け、うつ状態になりました。私を捨てた夫への怒りが鎮まりません。彼は家庭を欲しかっただけで、私を愛してもいなかったのです。数週間の鎮静剤療法を受けてからは、もとの生活を取り戻し、隣人とのコンタクトをもつため隣人関係のフェイスブックや出会い系サイトにもアクセスするようになりました。でも愛情のない生活は考えられないと思います。

十六歳からカップル生活を送ってきましたので一人暮らしには慣れていません。いま三十六歳ですが、子どもをもちたいのです。流産もしたことがあるので、これ以上待てない歳になっています。営業部門の幹部として多くの人びとと会いますが、私はプロヴァンス出身なので友人関係に乏しく、またカップル生活をくり返していたためか友人からも遠ざかってしまいました。

ウェブでのパートナー探しに力を入れました。私の趣味と合う人と出会えたのですが、どこかぴったりこないので、もうすこしマシな人をと探しつづけました。むずかしいのは、いいときに、いい人と出会えても、お互いに心の準備ができているかどうかなのです。私は、発車と同時に全速力で走るタイプなので、相手も同じくらいの速さで恋に落ちるわけです。初めからはっきりしておきたいので、私はまず子どもの問題を話題にします。

出会い系サイトで数週間探したあと、私に合いそうな男性と知り合ったのですが、関係は二週間しか続きませんでした。がっかりしたのは、彼が電話で「将来のことまで計画できない、なぜなら充分にあなたを愛していないから」と言って断られたのです。また違う相手を見つけましたが、その男性はすぐにブレーキをかけました。私が必要以上に彼に求めているように感じたのか、すぐに関係を絶ったほうがよいと思ったのでしょう。

最後に、私はマドリッドに住む英国人男性に出会いました。最初はウェブで交信しお互いに知り合ってから、私がマドリッドに出向いて実際に会いました。初めてでしたが、お互いに前からよく知っているような印象をもちました。それ以来、二、三回逢瀬を重ねて恋愛関係となり、将来の計画なども語り合うようになりました。子どもをもつための共同生活を考えると、居住する国をどちらにするかという問題が出てきます。

子どもをもつということは、ナルシスト的（自己愛的）達成感のひとつなのだ。子どもにはナルシスト的に全力がそそがれ、社会的再生の一手段であるばかりでなく、自分自身に与えた理想化した愛を延長でき、感情的に消費できる「オブジェ」ともなり得る。夫のベルナールと五年前に別れたグラディ（四十八歳）は語る。

彼とのあいだにできたルイは十二歳です。夫と別れてから一人で暮らしている私は、誰とも付き合わず、仕事もしていません。日常生活は息子を中心に営まれており、子どもの物質生活に何不自由なく、学校の成績が優秀であることだけに注意がそそがれます。宿題については、私は宿題をみてやれないので、水曜日と週末に息子が父親に会いに行くので、その前日にやらせるというふうに、やりくりしなければなりません。

息子をどちらが預かるかということに関しては何ら協議がなされてなかったので、私が離婚した夫のプランニングに合わせなければなりませんでした。こうして彼は自分の都合のいいように私の生活を諦めさせ、全面的に息子の面倒をみさせるようにしてしまったのです。しかし、それは私に母親としてのナルシスト的満足感を充たすことでしかなかったのです。

孤立無援の孤独のなかで、実際に子どもを育てながら物質的、心情的に一人でやりとげることは非常にむずかしい。毎日が仕事や食事の世話、子どもの宿題、家の管理……まであまりにも多くの家事・雑用で埋まってしまうため、彼女自身の生活が入り込む余地もなくなる。唯一、休息できる時間は何気なくテレビを見るときくらいだ。外出するにはベビーシッターを頼まなければならず、そうする金銭的余裕のある女性はどれだけいるだろうか。夫婦生活をしていたときは、家庭内のことはそれほど負担が重いとは思えず、相手がたいして協力的でない場合でも、夫婦でいるのだから安心できる、という錯覚をもちやすい。家事や子どもの教育はもっぱら母親が担っているのだが。

シングルマザーが子どもの面倒をみるのはそう簡単ではない。母親の役を果たしながら、子どもに「だめだ」と言える父親の役まですべての役割を果たさなければならないからだ。この家父長的教育が現実から子どもをへだてる囲いとなり、ナルシスト的体質を伸ばす役を果たしかねない。ナタリー（三十四歳）のケースはどうだろう。

私にはある男性とのあいだに生まれた娘がいます。職場と娘の学校の近くにまだ住居が見つからないので、別れた相手と住んでいたアパルトマンで寝起きしています。家賃を払わなければならないので経済的に困っています。仕事と子どもの世話だけに追われる私は母親でしかないのです！

すでに性欲もゼロにひとしいのです。今すぐに新しいパートナーを見つける気にはなれませんが、次のパートナーが見つかれば経済的にも楽になるでしょう。でも夜一人で眠るのは心地よいです。家の中に男性がいてほしくないのです。力関係の争いになるのがいやなのです。

物質的困難さが付きまとい、経済的理由から離婚した女性は再び再婚に踏み切るようだ。または再婚しないのは、子どもが反対するからだと言う。しかしもっと多くの場合、子どもが「モン ボペール（僕、私の義理のお父さん）」と言えるようになって、母親のことを心配しないようになってほしいのである。たしかに多くの子どもたちは母親の孤独な姿や、苦しみと自責の念をこぼす姿に耐えられなくなる。

今日、私たちはその場、その場の場当たり的な私生活を送っていると言えよう。憲法が男女平等を保障しているものの、女性は新しい役割に合うように感情、愛情面を調整しながら、男性と分かち合っていける新しいライフスタイルをつくり出さなければならない。欲求と母性愛、私生活を維持しながら、新しい役を演じていくのはかなりむずかしい。女性たちは、今まで以上に社会人としての権利を得ようとするのだが、今日のきびしい社会ではかなりの障害が立ちはだかる。彼女らの生活がすこしも保障されていないことに加え、自分の社会的ステイタスが侵されているように感じずにはいられないのである。「日常的なストレスを和らげてくれ、悩みを分かち合ってくれるような、がっしりした男性に思い憧れていました」とベアトリスは言う。

しかし、男性も同様に、次章で見ていくように、くり返される異動などにより私生活もしばしば影響を受け、何度か孤独を体験しながら、女性以上に困難を抱えることが多い。

## 3　土台がぐらつく男たち

「男たちを救おう！」

クウカイの広告文

ナポレオン法は、妻は夫に従属すると定めた。妻は、夫の許可なしに商売をすることも、旅することも、働くことも、相続する権利も与えられなかった。フェミニストらの運動により、これらの古い足かせは消滅し、女性は基本的に男性と平等になり、男性は代々受け継がれてきた優位性を喪失した。男女平等は愛情、性生活だけでなくすべての分野に浸透し、男女関係において多大な変化をもたらした。ついには男性のアイデンティティに危機をもたらすまでになっている。

### 男であることの意味の喪失

社会での女性の急激な進出を前にして、一部の男性は抵抗する者もいるが、従来のタイプの男性は男女平等を受け入れようとしない。多くの男性は心穏やかでなく、今までもっていた権限を失ったことを知りつつ、解放された女性をもはや支配できないばかりか、彼女らとせめて同等のレベルも保持できないのではないかと心配する。

昔から、男は職業と男性的な魅力のなかに自分のアイデンティティを見出してきたのだが、今日ではその確信がもてなくなっている。いたるところで不安定な状況に直面している。いつまで仕事についていられるか保証もないばかりか、家庭ではもはや子どもを監督するのもむずかしくなっている。子どもたちは親の言うことよりもメディアが叩きこむ映像を追っている。カップル生活では、性生活が保証されていることに満足しながらも、女性は家事などの分担を相手に要求する。自立し解放された女性の前で男性は自分の脆弱さに直面させられ、感情面で女性に完全に依存していることを認めざるをえない。

保護される必要のない強い女性の前で男性は動揺する。「僕は何のためにあるのか」と。彼らは独立している女性を欲するというのだが、彼女の自立は欲していない。女性がもう男性を必要としなくなると、男性は捨てられたと感じずにはいられない。そして女性がわずかばかりでも彼よりも前進すると、彼女はナルシスト、エゴイストだと中傷する。非常に活動的な女性を前にすると、多くの男性はへこんでしまう。将来のことを約束することや、生活を変えること、子どもにたいして責任をもつことなどすべてが彼らに不安を与える。カップル生活がうまくいかなくなると、自分が理解されていないとこぼし、自分を被害者とみなす。去っていく女性を批判するとき、男性はいつも同じ批判をくり返す。「おまえはコンプレックスのかたまりなんだ、子どもを独占し、性生活でも充分に僕を満たしてくれないじゃないか！」。女性たちは、絶えずぐちばかりこぼす男たちにうんざりしている。コリーヌ（四十一歳）のように。

フィリップは、出会い系サイトで、たいへん活動的で仕事に情熱をもつ企業主として自己紹介していました。カフェで彼と落ち合ったとき、まず彼は自分の不幸を語り始めました。ハンカチを用意！　私は彼の言うことに同情したり、詳しいことを聞いたりはしませんでしたが、彼は夫婦生活の問題まで語り始めました。離婚した妻が要求する法外な養育費や、不孝者の子どものことなど。それと最近解雇されたことや、五十五歳では彼の望む分野の職は見つからないと言うのです。三十分ほど彼は絶えず他人を批判し、私に同情してもらいたかったのでしょう。男たちの不幸を聞かせられるのはもうたくさんです。

この男はすこしも私を誘惑しようなどという努力もしません。いえ、この男は、以前に会った他の男性同様に、彼の面倒をみてほしく、彼の孤独を埋めてほしいのです。女性を征服しようとする騎士なんかではないのです。私は社会福祉課の職員ではないのですから、仕事の苦労話や、彼に三行半《みくだりはん》を突きつけた奥さんのことや、子どもへの義務などについてこぼす男性をどうやって慕うことができますか？

しばしば男たちは彼らの弱さゆえに、妻と別れたあと別の女性と新たなカップル生活を再開したいと思う。安定した生活を求め、彼に安定感を与えてくれ、同時に生活費や子どもの世話などについても自立している女性を求め、愛情面では彼を頼りにし、側にいてくれる女性を望んでいる。

## ステレオタイプの女らしさと男らしさ

男性ははっきりとは言わないが、年齢とは関係なく一般的に「女らしい」女性を求め、それはしばしば「セクシー」を意味し、性的に「欲求を満たしてくれる」ということになる。マルク（四十二歳）は既婚者、二人の子どもがいる。

僕は、いつも女性のなかに超女らしさを求めてきました。脚がのぞくスカートやストッキング、ハイヒール、ルージュ、イヤリング……など。女らしい女性とは、弱々しくて、節度があること。彼女が目を引くとしたら、目立ちたがりやでなくひかえめであるからでしょう。そしてあまりインテリでない女性。

自分を現代的な男だと思っていますが、二種類のタイプの女性がいると思います。出会いの後、一緒に寝るタイプの女性と、生涯を分かち合えるタイプの女性です。僕の妻はいつもパンツ姿で、僕を喜ばせるためにスカートとストッキングをはくときもありますが、そうしてくれるのはたまにです。

パートナーの望むように、女性は働かねばならない。基本的にはほとんどの男性は、女性が仕事をすることを望みながらも、実際は、できればそれほど高学歴ではなく、あまり上部のポストについていない女性を希望する。熟年近い男性は、連れ合いの女性が家庭を守ることと子どもの世話をしてくれるのを望む。

伝統的な家庭を望むこのタイプの男性は、出会い系サイトに明確に現われている。寡夫になって間もない男性や離婚したばかりの男性の多くは、亡くなった妻、または離婚した妻に代わるような女性を求める。社会的地位を変えないで、同伴で外出したり、友人を招いたりし、いわゆるノーマルな家庭に復帰できるわけだから。銀行に勤めるエロディ（三十八歳）が体験した経緯を追ってみよう。

出会い系サイトで、主婦業をつづけてきた妻と最近離婚したばかりの男性と知り合いました。じきに快適な性関係をもつようになりました。彼はカップル生活を送ることを望みましたが、経済的に自立している女性を求めていました。なぜなら、離婚した妻への高額の補償給付（訳注：離婚によって片方の経済状況が急に悪化する場合、離婚後も給付を義務づける――一九七五年に民法に導入され、二〇〇〇年、二〇〇四年に改訂。一五％の離婚で問題にされ、その九八％は女性が要求する）の義務があるからとこぼします。妻が夫の世話をすることに慣れてきたためか、彼は家庭でも夫婦の役割を変えようとはしません。たとえば家事を手伝うことはせず、そのうえ彼のお金でレストランに私を招こうともしません。

ある晩、私が疲れきっていらいらしていたとき、彼にすこしは家事を手伝ってほしいと言ったら、私が充分に女らしくなく、シルクのネグリジエも着ず、化粧も薄すぎる、鼻の下の産毛もブリーチしないから口ひげが生えているみたいだと言います。彼は、一方では私の経済的補助を求め、出費も公平に負担し合いながら、「男性的権限」を保持したかったのです。彼はセックス以外何も求めてなかったので彼から離れました。ベッドで男を求めるということは、最悪の生活を覚悟しなければなりません。経済的な面で拘束されるばかりでなく、自由そのものもなくなるということです。今の私はセックスなしの生活のほうがいいです。

社会は、常に男が支配的な役目を果たし、自分の実力を疑わずに生きていくことを通念としてきたのだが、現実ではもはやこの姿勢を保つことはできなくなっている。しかし、彼らにそうした状況を受け入れさせることはむずかしい。なぜなら家庭の中で彼らは女々しい言葉や表現を吐くことを禁じられてきたものだから、自分が制御できない怒りやジェラシーの感情にしか逃げ場がない。

効率と成功率を過剰評価する社会のなかで、矛盾とも言えるのは、ある状況において女性は、男性に押しの強さを期待しつづける。どのような状況においても、夫は誰よりも優秀でなければならない。目的のためならどんな手段でもいいことになる。競争率を上げるために、一部の職場では皮肉な風潮が定着するようになる。たとえば、女性には「女らしさ」が求められる一方で、男性は「男らしさ」を強調せざるをえない。しかし、ステレオタイプの「意欲的で強い男」というイメージは、ときには背負うのに重すぎる。男たちは自分の弱い面を見せないために、自分より弱い者、つまり妻を押しつぶす以外ない。精神分析家クリストフ・ドゥジュール（『フランスにおける苦しみ』、未邦訳）によれば、「男性的とは、他人に与える暴力の烈しさではかられ、支配されている者、ひいては妻に向けられる」。

この数十年来、伝統的な男女関係が崩れ、男性のなかには、男女平等が強まるなかで、男らしさそのものが喪失されていくのではないかと不安を覚える者もいる。男女関係の変化は社会のなかにまだ完全には浸透しておらず、妻またはパートナーが彼よりも社会的に成功し、職業的にも彼よりも認められ、収入も彼以上となったケースを、医師であるアニック（五十二歳）は語る。

経済的にも私が自立していることが、彼とのあいだで問題となっているようです。夫とは、私が彼より高い収入を得始めたときに関係が悪化しました。私たちは同じ仕事をしていたのですが、私のほうが早く上に進み、ポジティブな見返りを得るようになりました。お互いに先に進めるように別居したとき、彼は私を貶《けな》し、蔑みました。

そのあと知り合った男性とうまくいったのは、私が小さなか弱い女性のイメージを見せたので、彼が保護できると思ったからです。でも私の実力としっかりした土台を彼にわからせたとき、あとで高くつきました。

文化的にステレオタイプの男性像とは、強くてがっしりしたイメージでありつづけるのだが、多くの男性は、常に社会が求めるプラスアルファのレベルに達するだけの自信をもてなくなっている。女性のことを「弱いセックス」とみなすのだが、彼らこそ圧力とフラストレーションにうまく抗しきれないでいる。一部の男性は、女性があるポストを占めるのは受け入れるのだが、多くは陰うつになるか烈しく反発する。この社会の変化から最も影響を受けるのは、彼ら自身の雄大な幻想を作り上げていた男性、つまりナルシスト的体質の男性だ。大学教授ジュリア（四十四歳）は語る。

アンドレに出会ったとき、彼は私の職業を知りませんでした。当初、彼は保護者的で「私より優秀」

であるように振る舞っていました。間もなく彼は、私の地位が私たちの私生活に影響を与えてはならないと言うのです。私が夜遅く帰宅したり、週末に研究資料などをもち帰ったりするのを嫌がりました。私が仕事の面で成功するたびに、彼は暴力的になりました。私は彼と離れたくなかったので、平穏な関係を維持するために昇進を諦めましたが、後悔しています。

## 自立しそこなう

日常的な面で男性が自立できないことがよく話題になるが、とくに離婚したばかりの男性が洗濯機の使い方から料理までどうしてよいのかわからない場合が多い。しかし、彼らが家庭の中で自立できないのは、夫婦関係の問題からきているのである。妻が家庭内のすべてを切り盛りしてきたため、男たちは一人では暮らせない。家庭では何にも手を出せない男が、社会では自信満々でいられる。女性たちはこの格差を快く思っていない。

多くの男性は、カップルの心地よい関係を保つために、二人のあいだにちょうど良い距離を置くこともできず、相手と合体しようとする。彼らは、パートナーに捨てられるのを恐れるあまり、距離を置いてみることもできず、二人の息苦しくなるような関係を保とうとする。彼らは、母親がしてくれたように愛情と気遣いと時間的余裕を彼女に求め、彼だけのために不足部分を補ってくれることを望む。別居や離婚のあと、一人で暮らすことのできない男たちは、すぐにでも代わりの女性を見つけ出し、新しい彼女が昔ながらの家庭という枠にはまり、空白を埋めてくれることを期待する。

カナダの統計局が一九九四年から二〇〇五年まで行なった統計によると、連れ合いと離婚または別居した男性がうつ病になる率は、夫婦生活を送っている者より六倍高いという。同じ状況にある女性は三・五倍だという。この結果に見るように、男性のほうが女性より離別や離婚による影響が深いのは、男性のほうが捨てられることを女性以上に恐れるからだ。母性愛が支配していた家庭の崩壊により、不安が深まり、以然以上に母性愛的保護を必要としている。妻に去られたアラン（五十六歳）は、その苦しみを語る。

四年前に僕は妻に去られてから生きる意欲を失いました。彼女は離婚したかったのですが、僕は常に彼女の夫でありつづけると思っていました。離婚後、彼女は別の男性とカップルとなりましたが、僕はずっと一人のままです。僕の怒りがおさまらないのは、僕が夫婦生活に全身全霊を打ち込んだのに、彼女はそうしなかったことです。彼女が去って行くとき、「もうあなたを愛していないの」と言ったのです。僕が言いたいのは、努力しなかったのは彼女のほうであり、どんなことをしても愛する努力はできるものだと思います。

以来、うつ状態ほどにはなっていませんが、僕は途方に暮れたままです。外見もかまわず、住居もそのまま、仕事に復帰するのもむずかしくなっています。僕のいかにも不幸な男というイメージがかえって同僚たちの同情を買いもしましたが、じきに女性らのほうがしびれをきらし、僕の脆弱さを批判するようになりました。

独立しようとして闘う女性がますます増えているのとは逆に、男たちが頼りにできる女性を求めようとするのは、私生活の不安を和らげるためである。側にいてくれる女性が自分の足らない部分を補ってくれ、常時彼の世話をみてくれて、刺激を与えてくれて、彼らを「男」にしてくれる必要がある。男たちは女性が自立したいと言うとき、彼女に拒否され、捨てられたと思い込む。彼女は単に息をつける場を望んでいるだけなのに。

一般的に男性は女性よりシングルライフを送る期間が少ない。またそれは自分で選んだシングルライフではなく、田舎暮らしや職業的な失敗などで、余儀なくそうせざるをえない場合が多い。離別や離婚のあと、男性はかなり早く新たなカップル生活に入る。一人になることを避けるためジェローム（三十二歳）のように新しいパートナーを探し、妻とうまくいかなくなっているときに新しい彼女、カトリーヌとすでに出会っている。

カトリーヌのおかげで、妻との夫婦生活に終止符を打つことができました。同棲し始めてすぐに、彼女は子どもを持ちたいと言いました。生活する環境をすこしも変えないように、彼女はパリ郊外に住み、僕が彼女のところに行くようにしています。でも彼女の生活のなかにはぼくの居場所がないように感じられました。たぶん彼女と別れるべきなのかもしれませんが、結婚前に味わった孤独に再び陥りたくないのです。

二人は完全に結びつくことの必要性を感じながらも、二人とも専制的な親に育てられたことから、とくに母親の支配下に再び戻ることを恐れ、二人ともがむしゃらに仕事に打ち込むようになる。

## 男であることのむずかしさ

今日、男であることはそう簡単ではない。まずアイデンティティの形成そのものが容易でないばかりか、男性的気質または男らしさという基準が変化したからだ。若い世代の男たちは、男っぽさを誇った以前のタイプと、ナルシスト的タイプの「メトロセクシャル」（一九九四年、英ジャーナリスト、マーク・シンプソンの造語。外見的美意識が強く、そのために金と時間をつぎ込む男性の意）世代のなかで自らの位置を見つけにくくなっている。多くの者が母子家庭で育ち、自分の鏡とすべき父親の不在の環境で育ったのである。

しかしながら、彼らには男らしさと優しさ、がっしりしていることと、感情表現の豊かさといった、相反する二面が要求される。彼らは、ばりばりのキャリア女性の前で、女性より優位に立ち、保護者の役を演じられるのだろうか。女性たちが男性に不満を感じるのと同様に、女性に不満を抱く男性も一般化しつつある。

多くの男性が、女性パートナーをきびしすぎると批判する。自分を安心させるために、自分よりずっと若い女性か、教養ある女性を選びながら、従来の伝統的カップル関係を受け入れさせようとする。そうすれば自己満足が叶えられ、歳の違い、または経済的に優位であることにより相手を支配できるからである。若い女性を選ぶのは、ナルシスト的に自分の老いをできるだけ遠のかせるためでもある。エリック（四十三歳）の言い分を聞いてみよう。

僕は自分がドン・ファンであると認めています。いつも自分が女性に気に入られているということを実感しないではいられないのです。でも失敗したくないので、手ごわい女性は避けて、再び会わないでいられるような女性を選びます。恋人ハントを重ねる僕は、またあとで振り返られるような想い出を作っているようなものです。女性に不足しないように常に予備の女性が必要です。

人類学者たちによれば、女性は妊娠し、子どもを産める特権を持っているが、男は女性のお腹を支配し、子どもを占有するために常に女を従属させる必要があるのだという。しかし避妊法と妊娠中絶が女性に子どもを持つか持たないかの決定権を与えたのにたいし、男はこの生物学的特権をもたない。性的快楽と出産を別のものにすることによって、女性の性的自立が可能になったのにたいし、多くの男性は自分の男らしさに確信をもてなくなっている。性的にも女性のほうが要求が高くなっており、積極的にもなっており、男のほうが性的主導権を独占できないことを不満に思う場合が多い。生物学者ミシェル（五十六歳）は語る。

僕は、ガールフレンドを見つけるために出会い系サイトに登録したときに、同棲する気持ちは全然ないことを明記しました。明日のないアバンチュールを楽しむのは普通だと思いながらも、二回目のデートのとき、彼女が自分のアパルトマンに僕を招き入れたことはショックでした。驚きました、バカロレアのあと大学で五年間学んだ教養の高い女性なのに、セックスしか頭にないようでした！

女性たちは欲望以上のことをよく知っており、彼女らの要求することを想像すればするほど、男性は自分がそのレベルに達し得ないのではないかと、自分の不能についてカウンセリングに来る。ある者は最初から性的な問題に直面しないために、ずっと若い相手を求める。肉体的衰えを社会的地位と経済的余裕でカバーし、社会的にも彼女の役に立ってあげることで、彼女にはなくてはならない存在になろうとする。

五十歳にもなると、かなりの男性は自分に残された時間内に夢を実現したいと思うものだ。社会的地位も安定し、もしくはそれ以上は伸びないとわかったとき、何か刺激を味わえるとしたら、「恋愛」しかないだろう。カップル生活もマンネリになり、彼らは新しい生活、セックス面でも新しいものを味わってみたいと思うだろう。ゼロから始めるために新しい女性を見つけて、新しい家庭を築こうとする。そのために恋人となり、新しい夫となる。しかし数カ月、数年後には互いのあいだに不満が生まれ、また相手を代えたい気持ちになるのではないだろうか。ベルナール（六十歳）の場合はどうだろう。

私は、頻繁に相手を代えてきたので、一人の女性と落ちつくことはめったにありませんでした。今は一人で暮らしていますが、子どもと一緒に暮らせる家庭生活への郷愁を感じます。子どもや孫たちに囲まれ、家庭の中心になることに憧れます。

したがって子持ちの女性を探しています。私は若い頃、子どもを育てるにはエゴイストすぎたし、やることがあまりにも多く、計画もありすぎました！　父親になるには歳を取りすぎていると思いながらも、自分よりずっと若い女性を見つけて子どもを産んでもらいたいのですが、子どもの面倒はみたくないのです。

## 男性支配から家庭内暴力へ

公的には男女平等のはずだが、家庭生活では男による支配、嫉妬、心理的暴力が横行する。以前は女性は経済的にも感情的にも自立できなかったために家庭に拘束されていたのだが、一部の男性にとって、女性にそこから飛び出されるのは耐えられないのである。「もし彼女が愛情を求めるのなら、どうやって相手を愛せるのか、自分でその方法を見つけるべきなのだ！」。男たちは妻に与えている愛情で満足すべきなのだと思ってしまう。

女性が以前より男性に依存しなくなっただけ、彼女をきびしく監視するようになる。そのための心理操作が駆使され、狡猾で陰湿な形の支配関係が生まれる。男は相手から得られないものを、プレッシャーや罪悪感を覚えさせる心理操作でカバーしようとする。今日では、ハイテクにより相手を監視することは簡単だ。メールやSMS（ショート・メッセージ・サービス）などをチェックすれば妻の秘めごとも明確にわかり、もはやお互いの「秘密の庭」を隠しておくこともむずかしくなっている。携帯電話は便利でありながら落し穴でもあり、恋人との通話もチェックすることもできる。

多くの男性は「愛情」と「独占欲」を混同する。愛情は独占することではなく、愛の交換と分かち合いである。男が恋人に「僕は君のすべてを欲する！」と言うとき、それは欲望を意味しており、「キミはボクのもの、キミなしではボクは生きられない」ということでもある。その場合、もし彼女が彼から遠ざかろうとすると、暴力による仕打ちを受けかねない。このような衝動的関係においては、どちらかの変化により二人の関係が破綻しやすい。男が相手と母性愛的関係にあるとき、たとえば子どもの誕生も二人の関係を混乱させかねない。母親と子どもの関係が密着しすぎる場合も、父親はフラストレーションを覚え、どんな手段ででも家庭内の権力を握りつづけようとする。

男性にとって家族との距離感がさまざまな問題を引き起こす。家族との関係が密着しすぎると自分がのみ込まれてしまうのを恐れ、また距離感がありすぎると家族に捨てられたと思う。妻を監視することによって、どの瞬間にも彼女がいるべき場をコントロールできる。

女性が自立することは、男性にとって権力の喪失を意味しており、自分がもっていた権限をも失いかねない。ナルシスト的で弱い性格だと、内面的弱さを見せないために相手を監視することによって支配するようになる。彼らは、子どもが母親に求めるように、夫婦間の緊張を和らげ、苦悶を癒してくれることを妻に期待する。もし女性がそれに応えてくれないとき、彼女は彼の敵となり、二人のあいだの不和は深刻なものになる。

絶えず相手をコントロールすることによって生まれるこの緊張感は、相手に捨てられることへの小児的恐怖感からくるものであり、別れ話が出るや、男には嫉妬のこもった怒りが爆発する。男にとって彼女への暴力は、苦しみと共に恐れを回避するための手段のひとつなのである。相手の情動にたいする恐れ、彼自身の情動への不安、相手と向き合うことへの恐れでもある。自分が「無」に帰すことへの恐れのあまり、暴力でしか自分自身を守れなくなる。アルコールなどの力を借りて猛り狂うのは、自分の内面の弱さを隠すためでしかない。

二〇〇四年にアメリカのコーネル大学のロブ・ウィラー社会学教授が行なった実験はこの点を明らかにしている。一〇〇人余の男女学生に彼らの性的アイデンティティを自分で評価するアンケートを行なった。回答とは別に教授は、半数の男子学生が女性的な面をかなりもっているのにたいし、もう半分の学生は過度に男っぽさをもっていると発表した。そのあと教授は、学生たちに政治的意見や同性婚、イラク戦争の正当性、自動車の好みなどについて尋ねた。女子学生の回答は、アンケートの内容には影響を受けていないのだが、男子学生の回答は、かなり性的アイデンティティの影響を受けていた。女性化の傾向のある男子学生は、他の学生よりもイラク戦争を支持し、同性婚を批判する。そしてどんなに高くても4WD（四輪駆動車）を買いたいと答えたという。

「男っぽさが危機に瀕していることへの代償」とも言えるこの統計結果によれば、今日、男女平等が浸透しているにもかかわらず、家庭内暴力（DV）は減るどころか増加している。社会的役割の変化に適応しにくい男性は、超マッチョ（好戦的）な態度をとるようになる。

## 父親であることのむずかしさ

今日の男たちが抱える一番のむずかしさは、彼らと子どもとの関係だろう。カップル関係がむずかしくなると、男はまず相手を捨てるのだが、そうすることによって子どもからも遠ざかることを知っている。大部分の場合、母親に子どもが預けられるので、男性は非常に深い傷痕を抱えることになる。先妻は束の間のパートナーでしかなかったと思い知らされ、父親として認めてもらうには、離別後も彼を父親としてそのまま受け入れてもらうしかないのである。または母親が子どもを一人占めするために父親を捨てたのだ、という穿《うが》った見方をするようにもなる。

カップルの離別後、一部の男性はほとんど子どもたちとは会わず、養育費も払わないか、それを最小限に抑える場合が多い。他の父親はやや定期的に子どもと会うが、子どもたちの教育には関わらず、親権はもっぱら母親に委ねられる場合が多い。このように母親に育てられた子どもは、父親にとって架空のナルシスト的存在でしかない。子どもが学業に成功することに何ら父親は協力していないのだが、世間に向かって「僕の子どもはハンサム（美人）で優秀」と自慢するだけなのだ。

逆に母親と同等に子どもの世話をやく父親もいる。メディアはよく「父親不在」を話題にするのだが、父親が母親の肩代わりをし、二人の役が混在し、ある父親はもう一人の母親役を果たすようになる。これらの男たちは、カップルでいた当時は、家事と子どもの教育は妻に任せていたのだが、妻と別れてからは、全エネルギーを子どもに向けるようになる。親権の面でも先妻とライバルとなり、子どもの世話に情熱をそそぎ、愛情を独占しようとする。離婚訴訟のほとんどの判決が、母親に子どもの養育を託すのだが、父親は親権を独占するために母親の欠点をあげることに全力をそそぐ。

仕事を抱えながら子どもの面倒までみられないことを知っていながら、一部の男性は子どもの世話にエネルギーを集中させる。それは新たな関係に向かって自分を守るためでもあるのだが。リシャール（五十一歳）の離婚訴訟を追ってみよう。

離婚訴訟で私は、十二歳と十四歳の子どもを先妻と交代で世話することを要求しました。以来、子どもを発音矯正士のところに連れて行くことや、衣服を買うこと、文房具を買うこと、宿題をみてやること、レジャーを計画することまで、母親は彼女がしていたこと、すべての拘束から手を引くことができました。私は、子どもの成績が良くないことを悩み、罪悪感を覚えながらも、子どもたちを保護し、何ら不自由しないように気を配り、宿題もみてやり、家庭教師もつけてやりました。

五年前に私は、十三歳の娘をもつある女性と恋仲になりました。でも父親としての義務があり、あまり時間がないので彼女とは頻繁に会えないでいます。私は日常生活に追われ、恋人は彼女のためにもっと時間を割いてほしいと言うのですが、私は常時、仕事と子どもの世話に追われ汲々としています。彼女と過ごすのにほんのわずかな時間しかもてませんが、ときどき一人で夜を送りたいと思うときがあります。はたして自分は彼女と一緒に生きたいのか、それとも自分の時間を子どものためにとっておきたいのかわからなくなってきています。彼女と暮らすには、家賃の高いずっと大きなアパルトマンを借りなければなりませんし、そのための準備はできていません。彼女を批判することは何もないのですが、実生活に踏み切るのが怖いのです。もしかしたら、私の彼女に寄せる気持ちが充分に強くないからでしょうか?

それと子どもの問題もあります。異なった環境で異なる育て方で大きくなった連れ子同士、理解し合えない子どもたちがどうやって一緒に暮らせるでしょうか? 可能かもしれませんが、あまりにも複雑すぎて、それに踏み切るには充分な力を持ち合わせていません。

多くの父親が離婚後、自分で子どもを育てることを主張するのだが、それはある意味では父親としての罪滅ぼし的要求とも言える。離婚の際に父親の復権のためにも、家庭裁判所の判事は、子どもの完全な保護権をもたない父親に象徴的にでも父親としてのステイタスを与えるために、交代で保護する同等の権利を与える判例が多くなっている。この条件を獲得した父親のなかには、日常的に子どもの面倒をみることの困難さに直面する。女性にとっても一人で子どもの面倒をみることは並大抵のことではない。それは文化的、社会的にも昔から、母から娘へと引き継がれてきた役目なのである。

複合家族（再婚者同士が互いの子どもを一緒に育てる拡大家族）の増加にともない、家族という概念が希薄になり、カップルのあいだの互いの役割もなくなり、世代間の相違もぼやけ始めている。父親が自分の子どもたちより若い女性と結婚するのもめずらしくなくなっており、ときには子どもと、再婚した親が同時期に子どもをもつケースも見かけるようになっている。

また男性は、女性の作為的犠牲になることもある。たとえばピルによって妊娠をコントロールできる女性は、作為的に男性を係争に追い込むこともできる。子どもを持ちたくない女性は避妊薬を利用し、また、人工中絶もすることができる。だが男性はこのように身体をコントロールすることができないので、女性が張った落し穴に落ちることもある。男性の「知らぬ間に」妊娠し、男性が自分の子どもの存在を知らなくても父親のＤＮＡが子どものそれと一致すれば、女性は子どもの養育費を彼に要求することもできる。またパートナーが産んだ子どもが自分の子ではないと疑う男性もいるが、数人の男性と関係をもっていた母親が、ある男性を麻薬などで酔わせて性交を課すこともできるのである。実父でないことを実証することはむずかしい。こうして男女間の警戒心はますます深まらざるをえない。

男女関係の大きな変革、男性のアイデンティティの危機の時代へと確実に変化しつつある。若い世代ばかりでなく他の世代も大きく変わりつつある。しかし多くの男性がこの変化にたいし、ネガティブな苛立ちやプレッシャーを感じていると想像するのは間違いで、彼らは以前より注意深くなり、父親の世代よりも話題が豊富で、女性的と言われる素養、対話術、聞くこと、優しさ、直感力、感受性までも身につけている。男性は、女性が独立することによって多くのものを失ったものの、女性と対等に刺激し合える関係を分かち合え、二つの給与によりはるかに経済的余裕のある生活を享受できるようになっている。若いカップルほど、平等の性関係を共有でき、家事や子どもの世話も分担し合い、要求の多い女性パートナーにも順応するようになっている。一部の男性は女性化が進み、街には「メトロセクシャル」タイプの男性が増えていくのだろう。そういう男性に満足できない女たちは、今度は逆に彼らが充分に男性的でないことに不満を感じるのである。

性的アイデンティティから親の役割までが錯乱するこの大渦のなかで、ひとつはっきりしていることは、核家族の基礎である異性同士のカップルも大きな危機を向かえていることである。この危機のなかで、人間本来の愛情と孤独というクラシックなカテゴリーを飛び越える、新しいライフスタイルが浮かび上がってくる。

# 4　カップルの変革

「愛　孤独」

詩人ポール・エリュアール

この数年来、カップルの伝統的なモデルが崩壊し、離婚件数の増大と平行して、カップル関係も複雑さを増すばかりか、あまりにも脆いものになっている。

西洋では結婚は、中世時代から教会または国家によって神聖化され、神の前で結ばれるのが社会的規範だった。この習慣は十七世紀以来、ブルジョワ階級によって財産相続を守るために強化され浸透していった。当時の結婚は二家族の話し合いによるもので、いわゆる見合い結婚だった。新郎は経済的安定を保障し、花嫁は文化や社会的人間関係を彼と分かち合えるように努めた。このように結ばれた夫婦は愛し合うこともあったが、そういうふうにいかない場合も多かった。一方、大衆のあいだには性的自由が広まり、十九世紀へと引き継がれていく。

## 義務としての愛情は孤独につながる？

十八世紀にロマン主義的恋愛が流行《はや》り、愛の「女性化」が進んだ。人びとは愛し合っているがゆえに結婚し、愛が重要視され、できれば「グラン タムール（大恋愛）」による結婚を願うようになった。一九五〇年代からは、ブルジョワ階級の財産保存と子孫継続のための同階級の二家族による恋愛関係なしの結婚から、親愛と愛情、できれば情熱的恋愛と満足できる性生活を願う結婚へと移っていく。

しかし九〇年代以降、新たな変化が起きる。愛し合っているなら、どうして結婚する必要があるのか。問題なのは結婚ではなくて、愛情なのだ。二人の関係の中心となるのは感情なのである。愛情こそが共同生活に不可欠な条件であり、同棲生活を送るための第一条件となる。このような状況においてカップル生活を成功させるのは以前よりずっとむずかしくなっている。愛情の欲求が強ければ強いほど、カップル関係は脆くなり、二人の関係が感情だけに支えられているので持続させるのもむずかしくなる。女性がいつまでも美しく妖精的な魅力を保ちつづけるのはむずかしく、それが叶わなくなると別れるしかない。

多くの現代人が、理想化した恋愛のなかに感情面の欲求も満たそうとするのは、今までの対人関係にあまりにも深い幻滅を覚えているから、カップル生活こそ偶然性に左右されないたしかな避難所と思えるようになる。家庭や結婚の衰退が問題にされる今日、男も女も「大恋愛」を探し求め、一方では引き裂かれながら、同時に自分を救済してくれる恋愛に希望を寄せる。しかし恋愛をとおして、しばしば男も女も自分探しと、カップルをとおして自分に欠けているものを補おうとする。

恋愛に過剰な情動エネルギーをそそごうとするのは、個人主義が徹底している社会にたいする反動とも言える。それは欺瞞とペシミズムの強まる社会のなかで確実性と真実を求められる唯一、人間的つながりをつくれる手段でもある。実際に仕事の世界の変革が、職業をとおして体験できるはずの共同体意識をも破壊してしまった今日、誰もが職場では一兵卒でしかなく、規格化した社会で匿名の人間でしかない。一人の人間として認められず、カップル以外に確固としたつながりを築くこともできないとき、少なくとも相手の前では唯一のパートナーでありたいと願うものだ。

以前は家庭をつくり、次世代に価値観を伝えるために夫婦となったのだが、今はカップルで暮らすことによって内面的不安と空白を埋めようとする。しかし個人主義こそ、カップル生活を破綻させかねない。なぜなら二人の関係の中心にあった愛とは、しばしばナルシスト的な愛でしかないからだ。彼（彼女）が好きなのは、彼女（彼）が僕（私）に返してくれるイメージが好きだから。相手が沈んでいるとき（うつ状態や失業時期……）は、自分も浮かばれない気持ちになるから、別の相手を見つけて、新たな満足感を得ようとする。

実際に愛している者への熱愛と、自分自身を愛していることの違いを区別することはむずかしい。もし相手を愛することがナルシズムの延長上にあるとすれば、自分自身のエゴを満足させているにすぎないだろう。自分に自信がないとき、恋することによって自信がわくのだが、カップル関係が常に安定性をもつとはかぎらない。何回かの辛い経験を経たあと、二人で共に保護し合う気持ちになるのだが。

カップル生活に力をそそぐことによって、相手を介して日常生活が開花することを求めるのだが、必ずしもそれによって二人の関係が深められていくとは限らない。今日の多くのカップルが一時的な恋愛関係くらいにしかとらず、即時的またはある期間の満足感だけを求め、二人の意見の相異や争いは力ずくで、または心理操作でしか解決しようとしない。別居問題が生じたとき、相手に利用されたと思い込み、「きみ（あんた）は僕（私）を利用した」と批判する。

愛は絶対的なものでなくてはならないから、透明性が要求される。それが嫉妬を生み出すことになる。それは相手の裏切りに対する憎しみに変容する。しかし情熱的な恋愛がくり返されても、それらは長続きせず、傷ついたアイデンティティを癒す力も失われる。そうすると恋愛探しは苦悶をともなうようになり、ついには孤独へと導びいていく。

「愛」という言葉自身が力を失っている。関係が急速に発展し、愛することもますます速度を増し、欲動の肥大症とも言えるようになる。以前は、徐々に高まる情感が心を占めていき、ついに小さな声で「ジュテーム（愛してる）」と告白したものだが、今日では言葉のほうが情感に先行する。ちょうどクエ法（心理・薬学者エミール・クエ〔一八五七年〜一九二六年〕が発明した自己暗示療法）のように、言葉の力により愛が生まれるようになる。そこには愛の反射性と感情の偶発性が要求されるのだが。

出会い系サイトである男性と知り合って数週間後に、クロエ（四十歳）は、アムールという言葉が相手の口から吐かれないことをとがめた。「あなたが私を愛していると言わないかぎり、どうやってあなたに夢中になれると思うの？」「まだほとんど知り合ってないじゃないか！」「私を愛していると言えないのは、私と共同生活を送る気がないからでしょう！」

相手に飽きるのがあまりにも早いのは、愛はどこまでも相互に行き交うものでなければならないからだ。自分が愛せるのは、相手の愛を確信しているからであって、そのためにはその証しが必要なのだ。二人でにらみ合いながら、互いの愛をはかり合い、どちらが先に刀を抜くか。今日、「ジュテーム」と言うとき、それは「いまこの瞬間に愛している」ことであり、それは強烈な関係ではなく、将来までの結びつきを意味しているわけでもない。「きみと一緒にいるときはなんと居心地がいいのだろう。それは愛しているからかもしれない。でもぼくを裏切ったり、ぼくが期待していた関係にそわないとしたら、情感も消えてしまうだろう」。誰しも、カップル生活が満足のいくものであり、「失敗に終わらない」ことを願うものだ。しかし、どんなに些細な不満でも修復不可能となり、二人にとって致命的になりかねない。

## 警戒しながらもステレオタイプの男女関係

二〇〇〇年代の若者は孤独から逃れるためにカップル生活を求めたが、落胆し、一人になり、不安定な環境に放り出された。人間的暖かさや優しさ、親密さを求めるのだが、二人の関係は硬直し、常に警戒心を解けなくなる。

この世代は、親たちの離婚や、だまし合い、傷つけ合い、を見て育ってきた。親たちの苦悶に充ちた夫婦関係も、互いの裏切りも見せつけられてきた。一昼夜にして解雇されるように、信頼できるものは何もなく、カップル関係も破綻しかねない。そうしたなかで自分を認めてもらいたい欲求がつのるばかり。若年層も熟年層も、職場で感じたのと同じ悩みを抱くようになる。相手に向かって「僕がやっていることを誰も認めてくれない」と。

長続きする相思相愛とは、依存し合い、認め合うことであり、共存し合うことは、特別の見返りも求めずに妥協し合うことである。フロイトは、男女関係を長続きさせるためには、相手にある程度まで従うことが必要だと言っている。この関係で、男性の手玉に取られるのは、彼に依存する女性である。しかし先に見てきたように、今日の女性たちはもはや男性に従属したくないのである。

恋愛関係が生まれるとき、一方が片方を支配する力をもつ。しばしば、それは脅威として感じられる。なぜなら相手に依存することは、自分の弱さを見せることになるからである。実際に恋愛することは、自分を危険な位置におくことであり、快楽を覚える以上に苦しみが占める部分が多いこともある。親密な関係が生みやすい感情的変化を前にして、自分を保護しながらも相手の感情を操作してみたい誘惑に駆られるものだ。しかし、相手に愛を求める若者にとって大事なのは、いかにして押し付けがましくない関係をつくれるかだろう。

しかしながら女性の解放にもかかわらず、多くの若い女性は大恋愛をして、一人の男性と生涯を共にできる夢を追い、保護力があり、安心できる男性を求めつづける。そのような男性に気に入られるためには、優しくて、女性的で、セクシーである必要があり、あまり自立してはいけない。作家ヴィルジニー・デパント（一九六九年生まれ。映画『ベーゼ・モア』の原作者）も言う、「私たち女性の独立は有害であるという考えは、私たちの骨の芯までしみ込んでいる」と。今日のメディアを介しての情報と広告が、それをさらに条件付ける要因となっている。とくに女性雑誌のなかでもかなり若い層に向けられるメディアがさらに恋愛関係を美しく飾り、女性の欲求を充たそうとする。
従来のあり方、つまり女性は「がっしりした」男性を求め、男性は、「女性的」でか弱く、社会的、職業的にも自分より下に位置する女性を選ぼうとする。「女性的」という少々漠然とした言葉の背後には、男性が直接的には言わないが、ステレオタイプの女性像が隠れている。それは柔らかい感じの、ゆったりした衣服を身に着け、さらに女性的魅力のある、ハイヒールをはいた女性である。弱々しく見える、そうした女性のイメージは同伴男性の品格を高める。このようなスタイルの女性をそばに置くことによって、男性は女性を支配する位置に身を置くことになる。ルシー（四十二歳）が証言するように。

小柄で背が小さく痩せ型の私に接しようとする男性は、まずマッチョで保護者的なポーズをとります。しかしながら私は独立している企業経営者であり、経済的にも自立しています。彼らはじきに幻滅し、居丈高になります。一年前、私は自動車事故に遭い、数カ月間運転もできませんでした。この期間に男たちが、われ先に私に近づいて来ては、私に注意をそそぎ、チャーミングに振る舞い、保護者ぶりを演じて見せたのです……。

昔は、結婚というものが夫婦の結びつきを永続させることの保障だったのだが、今日ではどんな関係にもそうした保障はない。現在のフランスでのカップル期間の平均年数は約十年で、離婚はますます早く訪れる。結婚後三年目あたりに一番離婚が起きやすいと言われている。しばしば若い女性は永遠につづく大恋愛の神話を信じつづけたが、高年層の女性たちはすでにそんな幻想は失っている。彼女らは、むしろ連れ合いとして、烈しい情感を抜きにした対等な関係を維持し、感情面でも安定した永続性を望むようになっている。

先進国において、一九九〇年から二〇〇〇年にかけて、カップルのモデルが歴史的な曲がり角に立った時期と言える。フランス男性の寿命が七十七歳、女性は八十四歳になり、普通なら五十年の夫婦生活を送れることになる。実際に半世紀のあいだ同じカップルが一緒に生きるということはなかば幻想に近い。社会は常に変化し、私たちも歳と共に変わっている。これらの変化を常に同じ相手と生きつづけていけるかというと、それはあり得ないのではないか。なぜなら現代人は、性生活から個人的満足感、刺激のある社会生活、職業的満足感まで、すべての面での幸せを要求するからだ。

カップルは固定した関係ではなく、時代と共に変化していかなければならない。この変化にそって生きていけるカップルは数少ない。一部のカップルは二人の関係を維持するために全力を尽くし、場合によって臨機応変に対応しながら、異なるあり方を創出し、二人の関係を保ちつづける。

また別のカップルは、「関係がうまくいかなくなる」と、どうにかして関係を維持しようとすることなく、すぐに別の相手に飛びつく。このようにカップルの種類も分かれるのである。

## 結合カップル

最初のモデルは結合（ヒュージョン）カップルであり、夫婦がすべてのことを二人で行ない、互いの相違をもなくしてしまう。互いに隷属しながらも安定感を享受できる関係である。このタイプのカップルは、一般的には前世代の生き方でもあった。つまり孤独を避けるために互いに結びつき、すべての面で妥協することもいとわなかった。もちろん愛情を保つには、互いのあいだにある程度距離を置くことも必要だ。しかし捨てられることを恐れ、相手の所有物になることやコントロールされることも受け入れ、自分も相手にたいしそうすることができたのである。アニーは、リオネルと二十四年来、結婚生活を送っている。

結婚初期からリオネルの所有欲があまりにも強かったので、私は結婚一年後に離婚を考えました。家庭内で彼はすべて大事な決定を一人でし、家計も私の意見も聞かずに管理していました。どこに行くにも夫が付いてくるので、私は自分が幼児扱いされているように感じられました。たとえば高速道路でも事故を恐れ、私に運転させようとしませんでした。

バカンスについても彼が決めていました。しかしスキーに行くことだけは私は譲りませんでした。私はスキーが好きですが彼は嫌いだったのです。スキー行きは実現したのですが、彼はいつもゲレンデの下で私を待っていました。

二人の仲違いで緊張が高まり、リオネルは夜セックスすることでおさめようとするのですが、私が拒むと、私を眠らせずに嫌みたっぷりのぐちを浴びせかけ、私が諦めて譲歩するまでつづけました。すべてに彼の監視が張りめぐらされています。どうすれば抜け出られるのでしょうか。私がすこしでも自立しようと試みると、リオネルはわざとらしい優しさを示し、「ジュ テーム」という言葉をくり返すのです。

このような関係がもたらす危険は、妻が相手にむさぼられ、のみ込まれ、彼女の自我も性格も存在しなくなるということである。二人の関係では、一方が強く、片方が弱くなり、強い方が相手を支配し、弱いほうが従うようになる。しかし、このような上下の夫婦関係を妻が拒むなら、自分のアイデンティティを取り戻すためにも苦労することになる。結合と言われる夫婦関係の習慣と拘束は、とくに女性を窒息させかねない。

相手にとって自分はすべてと思い込み、満ち足りていると思うとき、自分の自我を保つスペースはもてなくなる。結合カップルにおいては、他の関係をもつこともむずかしくなる。いい意味での孤独を味わう余地もない。この関係がうまくいかなくなったら、最後には孤立しかない。逆説的にその相手と別れるときに、カップル内で自分に課された孤独から初めて逃れられる。フランソワーズ（六十歳）は、苦渋の多かったカップル生活を顧みる。

私は二十年間同居もせずに、しっかり結びついた男性とカップル関係を保ってきました。私より十五歳上の彼は、私が友人に会うことも、家族に会うこともさせず、私を孤立させてきました。私が定年になり、以前より彼の世話をやく時間が持てるようになったとき、彼は私と別れ、もっと若い女性と一緒に暮らすと言い出しました。彼は私を多くの人びとから遠ざけました。彼は私が人びとと会うのを嫌い、私が長電話するのも嫌がっていました。私が彼に執着していたのと、一人になるのが怖かったので受け入れていました。でも彼は信頼できる人ではないと感じていました。なぜならすこしも私を支えてくれなかったし、私を欺くのを隠そうともしなかったのです。彼と出会う前は、私はヨットや乗馬などを楽しんだのですが、彼を一人にさせまいと思い、そういうことも止めてしまいました。そして多くの友人がいたのですが、彼らとも音信不通です。この二十年間、人と付き合うこともしなかったのです。今は誰でも好きな人をいつでも家に呼べますが、身近な友人は一人もいません。新しい友人の輪に入り、新しい生活を再建し、もうひとつの孤独に自分を慣らさせなければなりません。

夫婦関係から抜け出るとき、一人で将来と向き合うことは非常にむずかしく、すぐにでも新たな共生関係を見出したくなるものだ。今日の若い男性たちは、女性がますます自立を願望しているのを知っているため、新しいカップルのスタイルを受け入れるようになっている。しかしながら、ベビーブーマー世代とその次の世代（一九七〇年代後半生まれ）の多くの男性は自ら認めずとも、融合的愛情により二人が協力し合い、最大限長く一緒に暮らせることを望んでいる。男性のほうがそのような暮らしを女性以上に願っているのは、女性の内助の功に多分にあずかってきたからだろう。女性が夫婦関係以外に、何をするとも言わずに一人になれる空間が欲しいと言うのに男性は耐えられない。彼らは、妻が彼に充分に尽くしていないと思ってしまう。一般的にこの世代の男性は、夫婦生活は、どこまでも女性が生活の便宜（夜帰宅後の憩いや家事の維持など）を図ってくれるものだと思ってきた。ローラ（四十六歳）は次のように結論する。

出会い系サイトで出会った男性たちは、ある時期を過ぎると全員が私の家に落ちつくようになります。私は家の管理をよくし、料理もうまいので私と暮らすのは便利なんです。彼らには都合がいいし、非常に快適なのです。

伝統的なカップルのあいだでは、男にとって女性が自立した活動をもつことは考えられなかった。それが可能だったとしても、それが夫婦生活を侵蝕してはいけなかった。女性が独立することはそれだけ夫の世話をやく時間が減るわけである。伝統的には、男は家庭の外で働き、女性は家庭で彼を待ち、仕事の疲れを癒してやったものだ。しかし、今日では女性も男性と同じくらい働き、どちらか一人が働くというのはめずらしくなっている。反対に男たちは、女性が働きすぎることに不満なのだ。医師であるソーニャ（四十三歳）は最近離婚したばかりだ。

私は銀行幹部のポールと離婚したばかりです。夫は私の仕事上の拘束を耐えられなかったのです。夜、私が彼より遅く帰宅すると、神経を尖らせて叫びます。「君にそんなに働いてほしいとは一度も頼まなかった！」と。夕飯が用意されていないと言いたげに……。

## ある程度自立し合っているカップル

若いカップルは何よりも互いの自立を認め合う。この関係では、自分の自由が決まりや拘束に侵蝕されることなく、互いの殻に閉じ込まらないようにする。愛情は欲しい、だがカップルという結びつきに拘束されたくない。互いに自分の銀行口座をもち、自分の友人を持ち、バカンスも別々のところで楽しむ。

このようなカップルを、社会学者セルジュ・ジョーミエ（『恋愛のすき間』、未邦訳）は「ある程度自立し合っているカップル」と呼び、年齢に関係なく多くの女性が望むようになっている。自由と独立を要求し、彼女だけの時空間を求める。家庭を切り盛りしてきたのは女性であり、それ以上に夫の縁の下の力持ちとして家庭に閉じ込められるのを拒否する。男性と同じくらい、またはそれ以上の収入を得ている女性は、自分を犠牲にしたくないのである。ジョスリーヌ（四十六歳）の場合はどうだろう。

私は離婚して以来、二人の男性に言い寄られました。その一人、ダニエルは、うだつの上がらないインテリ教師ですがグループ活動に忙しい人です。彼とは多くの話題があり、友人を紹介してくれたり、文化関係の催しにも私を誘ってくれます。息苦しくない程度に私に刺激を与えてくれます。でも私たちは別々の町で働いているため、残念ながら同棲生活を送れません。

もう一人、ジルは私を待っていてくれます。彼は早期定年退職しているので、できるだけ私と暮らしたいと思っています。彼と一緒になれば、彼がすべて世話してくれ、落ちついた生活を送れるようになるとわかっているのですが、彼は私のすべてを所有したいと思っています。つまり私には社会生活もなくなってしまいます。私が自由でいたいと言うと、問題ないと言ってくれるのですが、彼なしに私が何かをやろうとすると、「プレッシャー」をかけるのです。

私はどちらを選んでいいのか迷っています。ジルに従ったほうが簡単なのはわかっています。彼ならすべてを引き受けてくれるので、何の悩みもお金の心配もないのですから。でもほんとうはダニエルとの生活のほうを望んでいます。

女性の自立によって、別居や離婚の可能性が高まるのはたしかだ。それでいて彼らにとって一番重要なのは性生活と愛情を独占することなのだ。しかし二人のあいだにもう一人の人間が入り込む場合や、どちらかがもう一人の異性（同性もありうる）と出会い、去っていくとしたら、裏切られたほうは新たな相手を信用しにくくなるだろう。このような苦い経験のあと、誰しも安定性のある結合カップル生活を求めるか、または孤独を選ぶかのどちらかだろう。

このようなカップルのなかに潜む暗礁のひとつは裏切りであり、恋のライバルである。もしくはそれにかわるものが、カップル関係の均衡を保つうえである程度必要である。忙殺される仕事と私生活との均衡を保つのは容易ではない。それを保つうえで是非とも必要なのは、「第三者の存在」、つまり家庭の外で情熱を全力投入でき、情熱を傾けることができる「第三者」をもつことである。それは別の男性でも、女性でもなく、独自の趣味、スポーツやボランティア活動などの活動家になることである。

## 別居カップル

六八年後期のフェミニストたちは、夫婦生活の問題を感じとっていた。一九七八年二月、弁護士ジゼール・アリミは、数年来、叫ばれていた女性たちの要求を受け入れて発表した『女性の共同綱領』の中で述べた言葉――烈しい反対意見を浴び、後に取り消すのだが――「家父長制を廃止するとしたら、その目的達成のためには、少なくても一世代のあいだはカップルの共同生活の義務を廃止する必要があるのではないか」と提案した。

この案は政治的草案にはならなかったが、先進国ではこの動きは一部のあいだで現実のものとなっている。融合的なカップルの私生活のなかでも、とくに女性固有のスペースの必要性が高まっている。日常的に一緒に暮らすことの困難さに直面し、若い層だけでなく五十代のカップルのあいだでも同棲しないカップルが増えている。伝統的なカップル生活では、たしかに個人生活を諦めざるをえなかった。他の手段もなくもなかったのだが、二〇〇〇年代からは共同生活を送らない生活が新しいライフスタイルになりつつある。

初期の関係では、二人の将来性が確定しないかぎり、一緒に暮らさないのが一般的になっている。それは、将来を約束する前に二人の関係がどれほど安定しているかをテストするためと言えよう。のちに仕事上の拘束が、共同生活を止めることへの口実にもなり、たとえばパートナーの海外出張などが、夫婦生活からの離脱にもつながる。フローランスは十五年の結婚生活を送る。

私と夫のティエリーは二人ともコンサルタントの仕事をしています。二人とも四十五歳です。十歳と十二歳の子どもがいます。ティエリーは何回か失業経験があり、一番興味のあるポストは外国勤務であり、東洋のビジネスのエキスパートとしてのポストでした。彼が中国に滞在しているあいだ、私がすべてを取り仕切りました。仕事のほか、一日二時間の通勤時間、子どもの送り迎え、家事全般まで。私はいつも頑張ってきました。でも今は疲れ切っており、もうたくさんです。ティエリーは私のしていることに無頓着です。帰国するときは、さらなるプロジェクトを述べてはプレッシャーをかけるのです。彼は外国にいるときのほうが気さくです。私たちはメールや電話で対話できますから。彼が帰国すると家族で週末やバカンスを送れ、知り合った初期の頃のようになります。さまざまな困難にもかかわらず、このスタイルが二人に合っています。

一緒に暮らすか別居生活を送るかは選択の問題だが、夫婦関係の危機から抜け出るための助けになるか、あるいは、ひびの入ったカップル関係に多少なりとも修復効果があるのではないか。アンヌはマルクとの生活を語る。

私たちは二人とも四十五歳になります。二十年間、一緒に暮らしています。私たちのカップル生活は常に困難をはらみ、何度か別れようとしました。マルクは私がよく神経を苛立たせ、怒りっぽいと責めます。私は、彼が口をきかないことや子供の面倒をみず、出張が多くそばにいないこと（彼は外国系企業で働き、多くの時間を外国で送る）を批判します。私たちは愛し合っているのですが、日常的に耐えられなくなっています。

初めて別れようと思いました。そうすることによって新たに一緒にいたくなるのではないかと思えたのです。息抜きが必要だったのです。でなければ耐えがたかったのです。私は夜一人になれることでほっとするのですが、恋しくなります。彼は彼で静けさを自分のものにできたのですが、私に執着していたのか、夫婦が一緒にいられる家に戻って来ました。

数年後、カップル生活が生むさまざまな問題を解消するため、最終的に夫婦生活に終止符を打ちました。二人とも互いに執着し合っているのですが、日常的に一緒にいなくても、彼にとっては夫婦関係はすこしも変わらず、家族を守るために常に夫婦関係を保っていたいと言います。しかし、今は私とも誰とも一緒に暮らす気持ちはないと言います。私は一人で暮らすのが性格に合っており、誰かのために生きるのではなく、自分自身で歩んでいきたいのです。伝統的なカップルとは、安定感を与える社会的規範でしかなく、一人で生きるということは、気泡のように身を軽くして生きることだと思います。

共同生活を送らないことには、いくつかの理由があるだろう。学生生活を送ったあと、すぐに共同生活に入ることへの躊躇《ちゅうちょ》、またはかなり長いあいだ独身生活を送ったあとに出会いがあっても、以前の生活を諦めきれないというケース。以前は共同生活を避ける理由は、自分の子どもではない子と一緒に暮らすことがむずかしかったからであろう。今日、このような複合家族を維持できるのは中・上層の都会人に多い。二軒分の家賃を払い、互いに行き来できる時間的余裕が必要だからだ。カティア（四十六歳）はドゥニ（五十一歳）とカップル関係にあるが同居しない理由を語る。

離婚したあと数年一人暮らしをしました。カップルで暮らすのは拘束が多かったからです。離婚した夫、グザヴィエは仕事と子どもの世話で忙しいので、職場に近い郊外の家に留まり、子どもたちがときどき私に会いに来ます。私はパリで暮らし、女友だちと会ったり、映画を観に行ったり、ショッピングをしたり。彼が週一回、私のアパルトマンに来て、週末は私が彼の家に行きます。バカンスは私一人で一週間過ごしてから彼と一緒に行きます。

彼らは自分自身のアイデンティティと独立性を保ちながら、カップルとしての社会生活を送る。そして一緒にバカンスに出て、友人らと演劇を観に行き、子どもを交代で育てている。このような関係は相互の家族や友人たちにカップルとして認められていることが、恋人をもつシングルと異なる点である。同居しないカップル関係は、モダンなカップルの愛情とセックスをうまく配合したライフスタイルになっている。プライベートな時間には互いの最良の部分だけを味わいたいのだ。家事のことを考えることもなく、金銭問題に頭をわずらわす必要もなく、不機嫌なときには顔を合わせる必要もない。二人が会うときは、気分が良いときだけでいいのだ。しかし現実的に親同士が子どもを交代でみるのと同じように、互いに時間をやりくりしなければならない。

共同生活を避けることは女性にとって、夫婦生活が課すさまざまな拘束から逃れるためと、複合家族に挟まれて暮らしている女性にとっては、幾重もの束縛から逃れるためなのだ。そして男性にとっては、せめてものアバンチュールを許してくれる時間とスペースを、彼らが言うように「わずかなチャンス」を自分に許すためなのである。ローランス（四十五歳）は十五年来、ポールとカップル関係を結んでいる。

私たちには十三歳の息子がいます。自由業をつづける私はパリに住み、彼は二百キロ離れた地方の町で公務員として暮らしています。私は週末とバカンスのときだけ彼の家で暮らし、私と暮らしている息子はバカンスのときだけ父親の家に滞在しに行きます。

私に合うような男性には出会わなかったけれど、誰もいないよりはましだと思います。今のスタイルなら、ある程度の自由が得られ、自分の好きなことができ、演劇や展覧会などを見に行き、友人たちも家に招くこともできます。男たちは出不精で、女性のほうが外との関係を保っていられます。

しかし、このような暮らし方は、互いの合意のうえでなされるとはかぎらない。たとえば片方が仕事で猛烈に忙しいとか、自由な時間がとれないときは、女性のほうが不満な顔を見せながらも都合をつける場合が多い。また一方が失業または早期定年退職し、田舎の一軒家に引退する場合、パートナーは仕事をつづけるため都会で暮らすことになる。カップル同士でも歳をとるにつれて別々のアパルトマンで暮らす人、とくに男性が増えている。

## その他のカップルや期限付きカップル

新しい種類のカップルとして、三人組カップルも存在する。その場合、両性愛者がカップルの男女と話し合いのうえで三人の共同生活が可能となり、または完全に性的自由を許し合うオープンな関係のなかで三人の共同生活が送られるケースだ。ある男性か女性と快楽のひとときを送るためには、別に従来のカップル生活を送る必要はない。ときどき会うだけでいい。ホモセクシャルのフレッド（三十四歳）はパートナーだったジェロームと二年前に別れた。六カ月前からバスチャンと付き合っている。彼はパリから三百キロ離れた町に住んでいるが定期的に会っている。

孤独を体験するまでは、むしろカップル生活を予想していたのですが、いまは一人でいる生活のほうが自分に合っています。地理的に離れていることはかえって都合がよく、たまに一緒にいるときに楽しいと思えるひとときを過ごします。バスチャンが彼の家族に私を紹介したとき、圧迫感を覚え不安になりました。なぜなら彼は、僕と彼の母親とのあいだに距離を置くことに苦労したからです。また、同じことが彼と僕の母親とのあいだに起きないとはかぎらないからです。

あまり要求が高いと失敗に終わるケースが多い。大恋愛に恵まれないときは、見合い的なめぐり会いで満足するほかないだろう。失業中で、離婚訴訟中のルイーズ（五十九歳）のように。

二十歳のとき、私は、優しい王子さまみたいな人と出会い、情熱的な関係が生まれることを夢見ていました。何人かの男性と出会い、むしろ長い関係をもったのですが、彼らは子どもをもつ気などさらさらありません。四十歳になって、優しい王子さまが現われないなら、頭を冷やして、私を欲する人なら誰でもかまわないという気持ちになったのです。

このように今日の男女は自分の弱点や肉体的にも自信不足に陥りながら、満足できなかった過去を乗り越え、互いの欠点を補いながら、二人で銀行口座を共有し蜜月時期を送ろうとするのだが、「外見だけ」

のカップルを装っても、ごまかしきれないカップルもいる。ヴィルジニー（四十一歳）の苦肉の策を追ってみよう。

私たちは夫婦生活のきびしい危機を経て離婚するべきだったのですが、夫のエリックが、三人の子どもと裕福な資産を共有していることから別居するのはむずかしいのです。そこで考え抜いた解決策として、教員である私が家族の家の近くにワンルームを見つけ、家族から離れて暮らすことにしました。私が子どもの通学の送り迎えをし、彼らの家で宿題をみてやり、夕食を食べさせ、エリックが帰宅すると私は自分のアパートに戻ります。ときには彼らの家に泊まることもあり、二人のどちらかが一日か数日留守をするときは片方が子どもと過ごします。

新しいカップルのひとつの大きな特徴としてあげられるのは、共同生活が短いことだろう。だいぶ前から言われているように、離婚が日常茶飯事になっていることと、離婚が以前より早くやってくること。女性雑誌やゴシップ誌が定期的にコラム記事で掲載する「誰と誰が結婚、離婚した」というように。好きだけれど、関係を中断するのは自由であり、相手に不満が生じたときはすぐに別れる。出会いのあと期限付きで付き合い、今の相手が気に入っているなら関係を更新するというふうに。

もう好きでなくなったり、充分愛しているとは言えないときは、たいして満足していないカップルの割れ目を修復するより、別れるほうが簡単だ。どちらかが「契約」を守らず、たとえば誰かと真剣な浮気のアバンチュールに踏み出した場合、カップルは崩壊する。男女関係の危機や争いのほとんどは、別れ話で終わる。二人のあいだに問題が生じたときの男の台詞はだいたい決まっている。「もう別れて別の女性とやりなおしたいんだ」が一般的。このようなカップルはいつでも相手をクビにでき、相手が自分の期待にそわなかったり、欠点があれば、いつでも捨てることができる「モノ」として扱う。

一緒になるということの裏には、暗に期限付きの恋愛関係を意味しており、試験期間をもうけ、たいして気に入らない相手なら、また別の相手を探すだろう。社会学者ジグムント・ボーマン（著書『液体状の恋愛。人間関係の脆さ』、未邦訳）はそうした傾向を次のように分析する。「人間の社会性が、過度の消費生活によりますます減退するにしたがって、人間をも消費のためのオブジェとみなし、快楽の多さによってその代価が決まるようになる」。

男女ともカップル関係への対し方が異なる。二人の関係が悪化し始めると、一般的に男性はますます険悪さを増し、家庭を見向きもしなくなり、他の女性との関係をますます深くしていく。妻にたいして批判的になり、攻撃的になり、最後には妻が離婚を要求するに至る。この場合、しばしば男性は妻に家を追い出された、と言って犠牲者を演じる。が、妻は弁護士に会いに行き、夫にたいする苦情や彼の落ち度をリストアップし、夫の過誤を理由とする離婚を要求できる。この場合、双方の弁護士が弁護し合うので直接的な衝突や議論がなされないように、双方の意見交換はなされない。

このような最悪の関係において、相手が自分の期待にそわないという理由だけで、女性のアイデンティティははぎ取られ、ただ単にもっとマシな相手がいるということだけで捨てられかねない。こうならないように、女性は男性に依存しないことが大切。しかし最初からその姿勢をとることはむずかしいはずだ。

連鎖的一夫多妻生活

カップル生活は、職業生活と同様に連鎖的にくり返される。成人してからの生活は、子どものいないカップル、もしくは同棲しない関係、そのあと子どものいるカップル生活、別居後にまたシングルに戻り、新しい関係をもち、子どものいる相手と自分の子どもを合わせて複合家族をつくり、またシングルになり、新たに複合家族の形成へとつづく。別居後、または完全に離別する前に男性は準備万端、新しい相手を探し出すのだが、女性は離別後の生活に慣れてしばらくしてから新しい生活に踏み出す人が多い。

今日、個人個人が連続的に一時的な関係を重ねながら、そのなかに大恋愛が生まれることと、長期的につづくような濃密な関係が生まれることを望む。しかしながら相手の交代がますます頻繁《ひんぱん》になり、そのたびに生活の変化に疲れを感じ始め、最後には一人暮らしの生活を選ぶか、欠点が多くてもカップル生活をつづけるケースが多い。まだチャンスがあると期待しながら暮らす女性には、この一時的、妥協的な生活で我慢する人が多いのだが、歳とともに出会いの機会も減り、そのままの状態がつづけられるケースが多い。五十五歳以上の女性は、出会い系サイトに積極的にアクセスしつづけても相手を見つけるのはますますむずかしくなり、それが癖になればなるほどむずかしさが増す。

女性は男性の貞節を望むのだが、一夫一妻生活を維持しながら夫の浮気に目をつぶる女性が多い。男性は夫婦生活の枠を保ちながら、妻に満足できなくなると、その代償を他の女性に求めるようになる。一夫二妻の二重生活を正当化するために、セックスの新しい自由を掲げながらも、自分は妻子を捨てたり、家庭を壊したくないと言い訳する。プレス担当の仕事をしているアンヌ（四十三歳）は、ジャーナリスト。フレッドと結婚生活を送っている。

私は夫に裏切られたので離婚しようと思っています。当初は真面目に考えてなかったのですが、目を塞ぐことができなくなりました。話し合い、彼はアバンチュールを止めると約束したのですが守りません。彼は、私とは別れないのだから、大した問題ではないと言いますが、夫婦関係は悪化していきました。何人かの女性からの電話やＳＭＳにぶつかったのを彼に黙ってはいられないので、それがもとで烈しい夫婦喧嘩になりました。結局彼は、私の感情などは無視しているのです。私がどう感じているかなどは考えずに、別の女のことが頭にあるのです。私とその女性との違いは、私は家にいて、家庭を維持し、子どもの世話をしていることです。もし彼と別れたら、その女性と私とのあいだにどんな違いが残るのでしょう。

互いに許し合うことが新しいタイプのカップルだと標榜するとき、正妻と先妻、恋人が共存することもありうる。ちょうど王朝時代の中国で、最初の妻である正室が儀式や公的な場所に姿を現わし、次に数人の側室、多くの女官や女房がひかえる。女たちは皇帝の寵愛を受けているためか、上下関係への服従のためなのか、利益を得るためなのか、一夫多妻制の一環を担う。

今日、メディアは新しい家族のモデルを「一族」と呼び、ある男性がバカンスに現在の妻子と自分のＥＸ（先妻）、妻のＥＸ（前夫）、数カップルの子どもたち全員をキャラバンで引き連れていくバイタリティーのある姿を称賛する。しかし現実はそう簡単ではない。プライベートな面で気まずい問題がかなり生じるはずだ。世間体ばかりを気にしすぎるとか、自分だけの生活に閉じこもりすぎるとか批判されないために、ライバル関係にある女性は、多妻の一人としてフラストレーションを口に出さないだけなのだ。グザヴィエ（五十八歳）のケースを追ってみよう。

僕は妻のヨランドと別れて、妻よりずっと若く、かなり前から恋人だった女性と一緒になりました。僕は「子どもとのつながりを保つため」ヨランドに共有の田舎の別荘を託しました。ヨランドが僕の新しい彼女と顔を合わすのを拒否しましたので、子どもを一週間ごとに預かっているように、その家も一週間ごとに交代で使うことにしました。僕の新しい彼女は彼女のＥＸ（先夫）と深い関係を保ち、その彼は彼女の女友だちの一人と再婚していました。

このように交通整理も複雑な、新旧複数のカップル関係を保つのはますますむずかしくなっている。交差し合う男女関係には将来の保証がないわけで、結局一人でいるほうが簡単なのである。豊かな恋愛関係を重ねながら完全なシングルライフを選ぶのもひとつの選択だろう。これこそ誰かと一緒になることを避けて、純粋に独立した生活を送れる方法である。男女関係について考えめぐらし、悩むことがますます困難になっているのだから、当然の選択とも言えよう。

## 5　ますますむずかしくなる男女関係

パーフェクトな関係を求めようとする欲求がますます男女関係をむずかしくさせている。男性が家事を手伝わないうえに時間的余裕ももとうとしない、と女性はこぼす。男は男で、女の要求が多すぎると批判し、「彼女は僕のことなど何も考えてくれてないくせに」と反論する。離婚した夫とのあいだにできた三人の子どもをもち、リシャール（五十歳）とカップル生活を送るナジャ（三十九歳）の彼にたいするぐちを聞いてみよう。

彼がコーヒーカップをいつも流しの中に置きっぱなしにして、皿洗い機にも入れません。一、二度注意しても効き目がないので私がするほかないのです。それにたいする多少のつぐないがあってもいいと思います。何によって？　お小遣いはいりません、彼より私のほうが収入が多いのですから。彼はセックスすることで私を満足させていると思っているようです。それは私に快感を与えますが、彼の性欲を充たすのは無理です。彼はそれを毎日のようにするのですが、日中私たちが口論などすると、私へのご機嫌取りのようにセックスでつぐなおうとします。昼間彼が私につらく当たった日などはとてもセックスなどする気にはなれないのに、彼はそういうことも理解できないのです。だんだん彼が嫌いになり、別れようと思うことがあります。

## せめぎ合い

出会い系サイトの広告は、理想的なパートナーに出会えるような甘いキャッチフレーズで売り込むので、それを見る者は自分に都合のいい恋愛のイメージを描き、どんな出会いが待っているのか予め空想してしまう。彼らは気むずかしい消費者として、できるだけ安上がりで質の良いものを求め、苦労せずに最大のチャンスを得ようとする。そうした出会いで気をつけるべきことは、自分と相手が互いに期待し合う点でどこまで妥協し合えるかだろう。ある者は自主性を前面に出し、好奇心が芽生えるなり、飛びつき、相手を圧迫させかねない。また別の者は、すぐに相手への思い入れを示しながらも、相手が即席の恋心に燃え、あまりにも迫ってくると逃げてしまう。相手が自分の期待するイメージと一致することを願うあまり、それに当てはまらない場合は、できるだけ被害を少なくすませるために早めに手を引いて、次の女性にアタックする。このように出会い系サイトはむずかしく、別れるのも唐突なものになりやすい。たとえばジュスティーヌ（二十四歳）が証言するように。

長いあいだ、私は大恋愛できることを信じていましたが、新しい出会いのたびに、数週間または数カ月後には、新しい関係がなんとなくしっくりこないのに気づきました。それで気をつけたのですが、同じことのくり返しなので、フェイスブックやSMSによる付き合いは止めました。

たしかに誰もが恋愛を求めているのだが、今や幻想を抱く者は少ない。最初情熱的に結ばれたカップルもその期間はほんの束の間でしかない。相手を求める欲求があっても、現実のきびしさに出会う前に、互いの相違点をどこまで受け入れられるかが問題になるだろう。関係を築くむずかしさに直面し、ある者は恋愛コーチやカウンセラーを頼って、相手探しを楽観的なものにしようと努める。彼らは不快な思いをせず、出会いからうまい汁だけを得ようとする。出会いのあとの約束や拘束を恐れるのだ。もっと若い世代は、もっと簡単に出会えて、簡単に離れられるバーチャル関係を好む――ウェブによるこの現象については九章にて後述する。

## 不貞は常につらい

セックスの自由、タブーのない性生活が普通になっていながら、貞潔さは相変わらず尊い価値観として残っており、欺きは一般的に裏切りとして捉えられる。パートナーが貞節であることへの固執は、何ものにも換えられない深い愛情を切望してきたことにつながる。女性は相手に欺かれることを許さない。新しいカップルのあいだでは、純粋で、理想的な、互いに隠すことのない透明な、尊重し合える関係を切望する。しかしながら、しばしば貞節さは、二人とも情熱的な関係にあるあいだだけ保っていられるものだ。現実的に恋愛時期より相手を尊重する気持ちも薄らぎ、愛も感じられなくなると、ためらいもなく縁を切れる。愛情が薄れるや、男はさまざまな形でごまかしたり、外見を装いながらも不倫は隠せなくなる。アナベル（五十歳）はその辛い体験を語る。

ある男性とウェブサイトで刺激的な会話を交わしたあと、互いに会ってみたい気持ちになりました。しかし週末にも彼とはなかなかコンタクトがとれず不審に思ったのですが、彼はスポーツクラブ活動で忙しいだけで自由な身だと言い訳します。次に会ったとき彼にこのことを話しましたら、彼は意味ありげな表情で、ある女性と同棲していると言ったので、彼がごまかしていたことの裏がよくわかったのです。彼が自由な身でないなら、彼に会う気持ちなどなかったのに、と言いましたら、すこしも問題ない、なぜなら彼女を愛していないのだから、完全に彼は自由だと言うのです。

ある男たちは、誰かとの関係を保留にしておき、もし今の相手とうまくいかなくなった場合のリザーブとしてある女性との付き合いをつづけ、軽く付き合えて、将来のことを考えたり、何ら約束する必要のない関係をキープしておく。そしてその関係が揺るぎ始めるや去って行き、再び出会い系サイトに申し込む。ボリス（五十一歳）は語る。

僕は自分に確信がもてず、心理的にも脆い性格です。雄大な将来を夢見たものの野望を達成するだけの器量がないのです。女性をいつも誘惑していたものですから、最初の同棲相手との生活は失敗に終わりました。次に社会的にも満足できる女性と再婚しましたが、カップル生活の拘束に耐えられず、僕よりずっと若い女性と付き合わないではいられませんでした。カップル生活が危機に陥るたびに出会い系サイトに向かうのは、またうまくいかなくなるときに、ひとりぼっちになるのを恐れるからだと思います。

今日、姦通は離婚法では過ちとはみなされないが、妻にとって夫の不倫は相変わらず強い衝撃を与える。夫婦愛への思い入れが深ければ深いほど、夫の裏切りからくる苦しみは過酷だ。そのような危機を体験した女性は、無情にもパートナーに捨てられたと思い知らされ、それ以降、性的にも非常に混乱をきたしたと言う。夫の新しい女性との関係が真面目な愛情に根ざしている場合、妻にとって苦しみを長引かせない方法は、夫婦関係を断ち切るべきなのだが、しばしば不倫した夫は、夫婦関係による利便を保つためか、子どものためにと言い訳して、もはや元に戻らない夫婦関係を保持する男性もいる。銀行員であるジュリアン（四十歳）は、妻との離婚のいきさつを語る。

ある日、妻のフランソワーズに、僕が職場の同僚女性に恋していると知らせました。彼女は僕を部屋から追い出し、夫婦関係は険悪になっていきました。以来、僕は妻にたいしてますます攻撃的にならざるをえませんでした。僕は恋人と別れたくないので、彼女に電話するときは別の部屋に行くか、ＳＭＳを送りつづけ、しばしば家を留守にするようになりました。妻は子どもの世話から、僕が家にいるときは僕の面倒までみてくれます。彼女を尊敬していますから家にずっといたいのですが、「君から去りたくない、だけどもう愛してないのだ」と言ってしまいました。

「あなたがもう私を愛してないというのなら、それはそれでかまわないの。でもそのために多大な被害を受けたくはないの！」と妻が僕を批難します。

「今のところ君に優しくなれないのは、彼女のことを思っているから」と、僕は本心を打ち明けてしまいました。

フランソワーズは、僕が浮気をして、そのため自分が家を切り回さなければならなくても、カップル関係は維持したいと言います。彼女は不利な状況に置かれているからこそ、耐久エネルギーが出るのかもしれません。それは逆に僕を弱い立場に追いやるためなのかもしれません。

男性にしろ、女性にしろ、互いに誓い合った愛を裏切ることが、どれほど相手を傷つけることになるか自覚するのはまれである。このような危機を避けるために、将来を約束することを避ける男女が増えている。今日のカップルのあいだで倦怠期にある場合、相手が目をつぶり、なかば了解済みの不倫がしばしばつづけられる。「たいしたことない。どうせ彼（妻）は目をつぶるから」。しかし、そう簡単ではない。そのような関係はしばしば裏切られたほうに底知れない苦しみを与えるからだ。ブリジッド（四十三歳）の場合がそうだ。

夫には、もう一人の女性がいます。彼にとっては大したことではなくて、「安心しろよ、彼女はインテリなんかじゃないから！」と言うのです。彼が彼女と会っているあいだ、私は子どもの世話をし、学校の教員とも会い、子どもを歯科矯正医の所に連れて行ったり、ガス・電気・家賃の支払いまですべてを私一人でやっています。もっとひどいのは、不倫を隠すのならいいのに……、そのうえ家庭まで破壊していいのでしょうか。

裏切られた者が味わう、もうひとつの苦しみは、別れたあと、男女とも元の相手よりずっと若い理想的な新しいパートナーを探し出すことだ。女性が自分よりずっと年下の若いツバメと一緒になるということは昔より多くなっているとはいえ、四十五歳以上の男性が、自分よりずっと若い女性と結ばれるケースが一般的になっている。

新たなカップル生活を始める熟しきった年配男性の大部分が、二、三十歳くらい若い女性を選ぶのは、五十歳以上になると、男性は女性よりも孤独を感じやすいからだ。若さと美を礼賛する風潮が強まるなかで、高年層のなかには、もう誰も気に入ってはくれないだろう、とカップル生活を諦める人もいる。クリスチャン（六十二歳）は四年前から失業中。一度離婚したあと、別の女性と一緒になったが二年前に別れている。

私は今までに愛する時間をもっただろうか。絶対に一緒になりたいとは思わない女性もいたが。私が尊敬している女性には、とてもいまの自分など差し出せません。まるで低劣なプレゼントになってしまうでしょう。ぼろ切れのような私の体を見せられるだろうか……。

今日のカップルの脆さを理解するためには、その別れ方にもふれる必要がある。先の章でも見たように、大部分の別れ話は女性から持ち上がる。フラストレーションが溜るか、苦しめられるカップル生活に耐えられなくなった女性が別れるのを決めるケースが多い。相手と別れるときの衝撃から抜け出るために一人になり、孤独になる時間が必要だ。それによって自分が生きた体験を客観視できるのである。

まだ幼い子どもがいる場合、一週間ごとに彼らの父親と交代で子どもを預かり、ある程度自由な時間がもてたとしても、常に子どものことが頭にあり、新しいパートナーを探す余裕もない。それまでは彼女が全面的に子どもの面倒をみてきたのに、夫と別れることで子どもが半分は父親の家に行き、毎日母親と一緒に暮らせないという不公平さを感じずにはいられない。

男性が別居を望むとき、自分から家を去っていく男性は少ない。恋人に再婚を求められる場合が多いのである。男性にとって、熱々の恋愛関係の幸せを手放さず、その恋人と共に暮らすほうが、長いあいだ築いてきた家庭や子どもから離れることより大切なのだ。例外的なケースだが、独占欲が強く、ノイローゼぎみの母親が子どもを一人占めにするために夫を追い出すための別れ話もある。

夫の言い訳はほとんどの場合、「恋しちゃったんだ！」の一言。恋心には誰も反対できない。多くの男性にとって、結婚生活や家庭、父性愛を、新たな恋のために犠牲にすることも自然だと思えるのだ。このようにして自分にとって生涯の最後の返り咲きのチャンスになるかもしれないのだから、許されるだろうと思い込む。

子どもの母親とまだ完全に別れていない父親が、子どもたちに新しい恋人を紹介することも普通になっている。そのとき、彼は子どもたちにぬけぬけと「生涯愛せる女性に出会えたんだ」と言って紹介する。母親は子どもの口から、夫の不倫相手のことを知ることになる。この例のように、家庭を共に築いてきた妻にたいする敬愛の情はすこしも見られず、「使い捨て」そのもの。子どもは母親の狼狽する姿を直視するのだが、父親は妻に与えた苦痛に目を向けようともしない。今まで一緒に暮らしてきた妻を捨て、別の女性を選ぶという夫の選択は、妻に死以上の癒しがたい深い傷を負わせる。なぜなら今まで彼の伴侶だった妻が意識的に遠ざけられ、捨てられることになるのだから。

社会学者イレーヌ・テリー（『離婚。裁判と私生活』、末邦訳）によれば、男女とも離婚理由はさまざまであるが、女性にとって一般的に離婚は長いあいだ考え抜いた結果であり、夫の家庭内暴力や不倫、感情面の無関心など、長いあいだ苦しんだ果てなのだ。だが男性にとっても、離婚は劇的なものであり、彼らにすれば、今まで夫婦生活にすべてをつぎ込み、共に築いてきたのに、ある日、突然家から「妻に追い出された」と被害者ぶることも辞さない。公務員のフィリップ（五十四歳）は、妻の突然の蒸発について語る。

彼女は気が狂ったのです。まったく理解できません。すべてを台無しにしつつあります。今まで何ら不自由なく、彼女はパートで働き、お金のことで何の問題もなく、子どもも手がかからなくなっているのに精神療法を受け始め、そのうえ自立したいと言うのです。そんなことできるはずないのに。僕が想像するには、精神療法士と関係をもったにちがいありません。医師会に訴えようと思います。彼にはそんなふうに女性を惑わせる権利などないはずです。そのうえ彼女は離婚の慰謝料と不動産の半分を要求するのです。しかし、この家は僕が稼いだお金で買ったのです！

夫婦の離別後の悩みは、相手がいなくなるということ。衝撃的な期間が過ぎたあと、誰しもが感じるのは、一人で占有できる空間や、ベッドでのびのび横になれ、好きなものを好きな時間に食べられるということだろう。ある男性は時空間の自由に呑まれ、孤独な時間から逃れるために頻繁にウェブによる出会いを重ねるようになる。今までのパートナーと別れたあと大事なのは、松葉杖なしに一人で自分を再構築することができるかどうかなのだ。危険なのは、内面的な悩みを味わわないために、すぐに代替の女性を探し求めることだろう。もしくは反対にうつ状態に陥り、閉じこもるようになる。相手の死によって永久的な別れを余儀なくされた場合によく起こるうつ状態と言える。リディの場合を見てみよう。

夫の死後七年来、私は三人の幼い子どもを育てながら暮らしています。仕事と子どもの教育で忙殺され、自分自身の生活も捨て、性関係ももちません。徐々に友人たちを自宅に招くこともしなくなりました。なぜならカップルを招いた場合、彼らのあいだに入り込んで、互いに交歓し合うことがむずかしくなっているからです。社交的付き合いをするよりも、ベッドの中で読書していたほうがずっといいのです。別の世界に入り込めるような小説しか読みませんが。外に出なくなると、ますますおっくうになることは知っていますが、友人に招待されると、直前まで抵抗を覚え、また約束をすっぽかすための言い訳を探さなければなりません。招待を受け入れるときもありますが、行く前から退屈するだろうと思ってしまいます。

## 別れぎわのむずかしさ

ひとつのパラドックスは、カップル生活の期間がますます短くなっているのにたいし、その別れぎわが逆にむずかしくなっていることだ。二人のあいだに多少のギャップが生じるや、言い交わす言葉が烈しさを増し、残酷になると、すぐにどちらかが別れようと言い出す。別れることが決まると、もはや相手は存在しなくなる。そうなると、なりふりかまわず相手の弱みを利用し、弱点を攻め込んでいく。日常生活で相手の内面まで知り抜いているから、皮肉やあくどいユーモアを連発し、かつてベッドの中でもらされた秘密を持ち出しては、相手を痛めつけられる箇所を狙うようになる。カップルの相手同士で自分の責任を認める者は少なく、ほとんどの場合、相手を責めるほうにまわる。

離婚訴訟のとき、当人と友人たちはそろって家庭裁判所の判事に「彼女（彼）は頭がおかしいのです」と証言しようとする。今日ではこの表現が乱用されるあまり、むしろ「ナルシスト的変質者です」または「彼（彼女）は気が狂っています」と証言し、自分の責任を逃れようとする。どんなことをしてでも味方への判決を軽くしようとする。良識ある元夫婦同士が話し合いによる合意を求めようとはせず、昨日までの連れ合いを敵視し合い、いかにして「勝利する」かに全力をつくす。この心理作戦において、勝つのはしばしば辛辣な言葉で証言したほうなのだ。ナルシスト的人間は自分を責めることはせず、かつてあれほど愛し欲した相手を人間として認めることもしなくなる。カップル生活が失敗に終わったのは、どこまでも相手のせいであって、妻の落ち度を暴くために、子どもまで心理操作することも辞さない。パートナーが不要になったとき、押しつぶし、心理的に破壊することもできる。もしその相手が抵抗するなら、被害者役を演じ、別れたことの裏付けにすることもできる。「彼女から離れたのは、彼女があまりにもヒステリックだからです」または「彼は暴君です！」というふうに。大学教授カロリーヌ（四十五歳）は、離婚訴訟の後味の悪さを語る。

ステファンとは学生時代に出会いました。同棲生活初期から、彼は専制的で、何回となく暴力を振るうようになりました。彼は、私が働くのが耐えられなかったのです。私は前途有望な職務を辞め、三人の子どもの世話をするようになりました。結婚生活二十年後、バカンスに出る前日に、彼は恋人とバカンスに行くと知らせたのです。そのとき烈しい口調で私の欠点をあげ連ねました。翌日から彼は恋人と別の家に落ちつき、離婚後の不動産・動産の具体的な分与の条件まで交渉し始めました。そしてすぐに子供の養育費を送らなくなり、すべての保険契約も破棄しました。そのうえ絶えず子どもたちに母親の至らない点をあげ連ねては、私を貶《おとし》めていきました。

判事の前でした約束の条件にもかかわらず、彼は自分の都合のいいときだけ、いやいやながら子どもたちを引き取り、いつも母親と行ったバカンス地に連れて行きます。明らかに父親は、子どもたちがどう思おうが、母子の思い出の地まで利用する魂胆なのです。私は今まで完璧な母親役をつとめてきましたが、自分を守る力はもうありません。ステファンは私にたいしてますます図にのるようになっています。

男性、女性のなかには離婚訴訟において、子どもを預かりたいという気持ちがたいしてないのに、是が非でも子どもと暮らしたいと主張するのは、そうすることによって相手を寂しがらせるため、または養育費を一人占めしたい計算が働いているためだと言える。ある母親は、父親が子どもに会うことを極度に制限するために、子どもと別の町、あるいは外国に移住することも辞さないという。または父親が子どもに性的いやがらせをしたとか、虚偽の証言をふりかざすこともする。彼らは、どこまでも子どもたちの母親であり、父親であることを忘れて、離婚しようとしている相手を陥れることに全力をそそぐ。とくに経済的に自立していない女性にとって、パートナーとの別れ話は、屈辱以外の何ものでもないから、彼への復讐に力をそそぐことになる。男性にとっても、相思相愛で結ばれた仲ならなおさらのこと、妻との離婚は失意のどん底に陥らせる。

その後、しばらくして二人とも新しい生活におさまり、ノーマルな生活を取り戻したと思いがちだが、シナリオはそう簡単ではない。離婚訴訟で被った失意を、後々まで憎悪の気持ちに変えてカバーしようとする。個人に完璧さを要求する現代社会のなかで、過去に失敗した人は妄想的になりやすく、パラノイア的な考え方をするようになる。「私（僕）にはすこしも咎められるべきことはなく、全然責任もない。すべて彼（彼女）のせい！」と主張する。こうして男と女が別々に顔をそむけて歩むようになり、互いに敵対する二つのグループが対峙し合うようになる。そして、「彼らからは何も期待できない」と、女たちは男たちを見下すようになる。男は男で、「彼女らはあまりにもきびしすぎて、妥協することを知らない」と批判する。

このような考え方が一般的になりつつあるのは、社会の深いところで変化が進んでいるためなのだ。女性の自立志向、男性の戸惑い、カップル関係の脆さ、これらが「新しい孤独」を生む環境をつくっている。それは個人レベルで現われるのだが――例外があるにしても――社会を構成する人びとと彼らの実生活にまでおよぶ大きな変化が作り出した結果とも言える。北欧諸国、発展途上国でも、男尊女卑を認める家父長時代は過去のものとなりつつあるのだが、日常生活のなかで完全に消えるにはまだ時間がかかる。七〇年代にアメリカとヨーロッパでこの面における「人類学的革命」が始まったのだが、それが達成されるには少なくとも二世代が必要とされる。

しかし、この改革を困難にさせているものとして、今まで偶発的なものとしてしか指摘されなかったが、決定的なひとつの変革が八〇年代から起きている。とくに先進国で個人を信奉する「個人主義」神話と、グループに対抗できる個人の競争力を重んじる新しいイデオロギーが支配しつつある。家父長制に代わるように、ウェブによる「バーチャル社会」が支配し始めている今日、老いも若きも、どの世代にとっても異常な新しい生活環境が生まれつつある。そのなかで職場での人間関係の硬直化や、モラルハラスメントのような新しい傾向が生まれつつある。同様に、恋愛関係や友人関係、家族関係のなかで、平穏を求める新しいライフスタイルとして、自ら選ぶ孤独が新たな意味をもつようになっている。次の章にて、幾人かの患者の証言をとおして、この矛盾する現実を探っていきたい。

# II

# 一人でパフォーマンスを目指す

## 6　職場での孤独

「孤独は、自分自身を消え去らせることです」

ピエール（五十八歳）

カップル生活が不安定になってくると、仕事に自分を見出したくなるものだ。シングルマザーに育てられ、現在経営アシスタントとして働くエレーヌ（四十六歳）は語る。

独身であることから、仕事にとても打ち込みました。夫も、子どもも、家族もいない者にとって、仕事だけが社会的地位を与えてくれます。間違っていると思われますが、何か問題に遭遇したら、少なくとも、私のことを心配してくれる雇い主がいることです。仕事をしているからこそ存在していると思うのです。私にとって一番大事なのは、仕事による経済的な安定性です。なぜなら安定した生活を保証してくれる男性は一人もいないのですから。

残念ながら、今日の職場はますます孤独な環境をつくり出している。もちろんすべての企業とは言えないが、一般的な傾向として、職場の集団生活が分裂状態にあるだけでなく、かつてあった休憩時間のティータイムに自動販売機の前で雑談することも少なくなっている。二〇〇〇年に週三十五時間制が敷かれたのだが、活用されなかった時間は失われた時間として、労働時間のプランニングの中に組み込まれてしまっている。すべてが集中し、どんな隙間もない。以前は、部署間で連絡し合うときは、多少とも言葉を交わしたものだが、いまはメールによる無個性的、無味乾燥のＳＭＳが交わされるため、人間味が薄れ、オープンなオフィスで皆が一緒に働いている印象を与えながらも、コンピュータの前で一人でいると感じざるをえない。

## ハードワークの中の孤独

仕事のリズムが加速度を増し、絶えずひとつの仕事から別の仕事へ、もうひとつの仕事へと素早く動きながら、誰もが次から次に仕事を片付けていかなければならない。社員らはリストラの対象になるのを恐れるため、上司の期待にそうためにも最大限の努力をする。仕事の過密化は、リズムの加速化も相まって精神的な緊迫感とストレス、全身に疲労感を与え、最初にもっていた幻想も消え去り、やる気も失わせ、ますます孤立させる。金融関係の幹部ディディエ（五十一歳）は、これに似た状況にあるうえ、離婚訴訟中だ。

私の能力が認められているので、もっと成果を上げ、それ以上の成績を上げなければなりません。それは私のためにもなり、社内でなくてはならない存在になれるのですが、すこしでも息を抜いたりすると同僚たちの批判の的になってしまいます。それはひとつの落し穴であり、上から要求された仕事のリズムに従えないと私の能力不足になるわけです。自分のポストをないがしろにせずに仕事量を減らすことは不可能です。私の周りの同僚たちは、成功するために彼らのポストにしがみついていますが、それは「気違いじみた」生き方だと思うのです。

労働条件以上に、社内の人間関係は孤立感と孤独を生みやすい。大企業の新しいタイプの経営法により、今までの指針がなくなり、社員のあいだにフラストレーションと苦悶を抱かせるようになり、上下関係に関係なく自分のポストが心配になってくると同時に、社内には自分だけしかいなく、孤立無縁であり、同僚とは仲間というよりもライバル関係にある。そしてリストラの場合は、能力のある者が生き残れる。失業とリストラの不安が高まり、ライバルの同僚を押しのけることも辞さなくなり、社内の誰をも警戒するようになる。弱い者は排除と被害者意識を覚えるようになり、同僚のあいだにはもはや連帯は存在せず、自分のポストを失うのではないかと、各々が自分の身を守るのに懸命となる。

モラルハラスメント（精神的嫌がらせ）の場合は、その対象になる被害者はひとりぼっちだ。クリストフ・ドゥジュールは週刊誌『レクスプレス』（二〇〇七年五月十七日付）の中で語っている。「社内での個人評価という新しいシステムは、社員同士の連帯感と、一緒に働いているという感覚をつぶしてしまった。

ある社員が上司に痛めつけられていても誰も動こうとしない」。周りの者はしばしば強い者の側に付き、モラハラ（モラルハラスメント）するほうにまわる。消極的であってもこの共犯的な関係が、ますます被害者を孤立させ、社内での手がかりを見失わせてしまう。モラハラの被害者は自信を失い、誰をも警戒するようになる。モラハラで精神的に不安定になると、自分の実力と知識にも自信がもてなくなり、自分の精神状態をも疑うようになる。財政管理担当のフランソワ（五十八歳）は職場での孤立感を語る。

私は、勤務している銀行のリストラで、徐々に窓際族にされていきました。何もすることがなくなり、あるとすれば欠勤者の代役くらいで、新しいポストにつこうと努力してもむなしいばかりです。家庭ではだんだん妻とのあいだの距離が開いていき、たまに会っていた友人も連絡してこなくなりました。がっくりきて、すべてに幻滅を覚えるようになりました。空白を埋めるためにボランティア活動などに参加していますが、その場しのぎにすぎないのだとわかっています。私に欠けているのは、生活の基盤となる仕事によって自分が認められることなのです。私は空白状態と、愛情の不在、精神的喪失をも恐れています。別の仕事を探すことも、友人に会うことも、知人関係もすべてを投げ出したい気持ちになるのです。

社内では仕事が不均等に割り当てられており、仕事からはみ出したひまな時間が多すぎる者と、仕事量が多すぎて私生活の時間もない者とに分けられる。財政部長のドミニク（三十六歳）は語る。

マネージャーというのは孤独な役です。多くのことを頼まれれば頼まれるほど私は率先してそれらに応じます。真面目な兵士のように日に日に仕事の質を高め、完璧主義者なので非の打ちどころのない仕事をしています。しかし私が夢中で仕事だけをしているのは、じつは他の分野、たとえば友情や愛情関係において、ある限界以上に進めないためなのです。仕事に夢中になっているのは、私の自信のなさを糊塗するためなのです。

とくに五十代のサラリーマンの抱く孤独感は、自分の未来への自信の喪失と内面的空白感からきている。実際に個人が一個の社会人として存在していくためには、自らが築いてきた人間関係と、会社で認められている固有の資質が必要となる。それは女性経営幹部ベランジェール（五十歳）にも当てはまるだろう。

私は、人間としての弱点や資質をもった一人の人間として存在しているようには思えないのです。職場では、できるだけ大量に生産するための一個のコマのように使われており、家では、子どもにとってはもうひとつの給料袋でしかなく、夫には性的オブジェでしかないのです。

一部の企業は、個人主義が徹底している社員同士の孤立化を防ぐために、社員を集めてわざとらしいお祭り気分をつくる催しなども企画するが、経営者側が、ひとつの会場に社員を集めることによって彼らをコントロールできる、このような催しを社員らは警戒する。

## きびしい社会ではきびしく……

若者指向の企業の中で高齢社員は窓際に追いやられるものだ。五十歳を過ぎると中心的な任務から遠ざけられ、除けものにされる場合が多い。毎日、仕事に追われていた彼らは、定年退職するとき、突然、空虚の前に立たされる。それは社会的な死を意味する。定年を迎えたクリスチャン（六十二歳）のケースを追ってみよう。

定年で職場を去ったあと、今度は自分自身が抜け殻になった感じがします。経済的にもあまり必要ではないもの、オブジェや家具、書籍……などを売り払いました。今も自分自身を解体することをつづけています。友だちや家族に電話もしなくなり、彼らからも連絡してこなくなりました。頼れる人は誰もいません。生活が空白になっていくにしたがって、自分の存在も希薄になりつつあります。骨抜きになっていくのは父や母だけではないのです。社会が人間を完全に去勢してしまうのです。

社会には交換し合う習慣があり、働いていたときは、よく絵はがきを送ると返事が来たものです。誰もがやったりもらったりするものです。今は何も来ません。外に放り出された状態で、誰も会ってもくれません。どんな分野でも、五十を過ぎてから職を探すにはコネが必要です。そのためには一生懸命、自分を売り込まなくてはなりません。

自分をダメにしないために、意味のないことでも一日のあいだにできることを探して時間を過ごします。それはくだらないことですが、決断のいることです。望むことも行動もなくなれば、人は「無」以外の何ものでもありません。先に向かう行動がなければ人は生きてはいられません。神を信じなければ、世の中には絶望しかありません。

職場では高齢者はあまり大事にされなくなっている。社内では負担となり、若くもなく、有能でもないサラリーマンは早めに排除される傾向になっている。結婚生活二十五年のフランソワは語る。

二人の子どもも学業を終え、家庭から遠のいています。妻との夫婦関係はすでに数年前からうまくいっていないのですが、子どもがいたことや社宅に住んでいることと、長年の習慣もあり家庭生活をつづけてきました。でも会社でのリストラでますます孤立するようになってしまいました。五十六歳の私は社内では必要とされておらず、会社は私の代わりに若い社員を採用したかったのです。それ以来、私にたいするモラルハラスメントがつづいています。上司は私に責任ある仕事を与えず、会議にも出席させなくなり、声もかけなくなりました。モラハラがつづくなかで、ある日突然、上司にはっきりと、「もう君を必要としなくなった」と言われ、他の課への異動を命ぜられました。

職業的成功は能力によるだけではなく、偶然性やご都合主義的態度によるほうが多くなっている。しっかり働いて良い成績を上げるのではなく、誰にも重宝がられ、社内の人脈を広げるほうが大切なのだ。大事なのは、成績や効率の良さよりも外見の良さと目立つこと、才能よりも手帳にどれだけ得意先の担当者名が詰まっているかだろう。一匹狼風に行動し人脈をもたない者は、しばしば成績を上げられなくなる。

職場で求められるもうひとつの資質とは、順応性であろう。失敗してもすぐに起きあがり、自分のことは問題にせず、自分の落ち度の責任をいかに他人に負わせられるかどうかだろう。何事にも感情移入することを避け、友人やライバルをやっつけるくらいの攻撃性も必要で、ひとつの商談を成功させるために嘘をつくことも辞さない。このような「ビジネスゲーム」において、自意識過剰なタイプの社員は同僚をも押しのけて、自分を打ち出すことに成功する。

今日のきびしい世の中では、自分もきびしくなければならないのであって、成功への道を邪魔するものを排除していくことも躊躇してはならない。クイズ番組「ザ・ウィーケスト・リンク」（英国のＢＢＣが始めた番組）は、一種のモラルハラスメントのスペクタクルでもあり、一番解答率の低い仲間を退場させ、解答率の高いライバルを引き下ろす仕組みだが、このような仕組みの中で生き残るためには、どんなに卑劣で変質的な方法ででも敵を押さえ込もうとする。このようなゲーム番組が人気があるのは、一九八〇年代から職場でも私生活でも、モラハラ（精神的ハラスメント）が顕著になっているからだろう。

このような動きは、今日の社会がますます不公平な環境をつくっていることから来ている。一方には、仕事上でのパフォーマンスだけが求められるので、感情を排し、あってもごまかし、他人の感情にも影響されない者がいる。もう片方には、あまりにも繊細で、脆いので路肩に追いやられる者がいる。このように競争の烈しい環境の中では、他人をライバルとみなし、警戒するようになる。そして警戒心は必然的にその人自身を孤立させていく。

そして孤独から逃れようとする者は、モバイルやウェブなどバーチャルの世界にのめり込んでいく。一九九〇年末以来、この新しいネットワークが爆発的に伸びたのと同時期に、男女関係が深い危機に陥り、職場の人間関係の硬直化も進んでいったのである。しかしこの逃げ場は、しばしば過酷な幻滅を生む場でもあった。

## 7 インフォメーションとバーチャル幻想

今日の情報社会で、ウェブで関係を求めるのは自然であろう。たしかに現実生活のなかで人と交歓する場も、偶然に誰かと出会える機会も少なくなっている。大都会のなかで、人びとは互いに近い関係にありながら実際に知り合うこともない。したがって家族や友人関係から飛び出すには、ウェブを利用するしかない。

### 自分は一人ではないという幻想

実際に孤独はそのものとしては捉えられない。なぜなら孤独であっても出会いや喧噪、職場での人間関係などによって紛れるからだ。ある者は沈黙に耐えられず、ラジオやテレビの何でも構わない番組をつけて沈黙を破ろうとする。同様に、彼らは用もないのに誰かに電話をかけるか、チャットサイトで一夜を明かしたりする。またある者は情報中毒にかかり、リアルタイムでモバイルに送られてくるニュースサーバーを購読し、常時ニュースに接続している者もいる。時事ニュースのない日は考えられないというふうに（ミシェル・ルジョワイオ著『情報オーバードーズ。メディア神経症からの治癒』、未邦訳）。増大しつづける情報は、ますます分断されてあふれ出てくるので、それらを集合し、一貫性のある情報を把握しなければならない。たとえばテレビの討論番組では時間が限られているので、出席者は簡潔に述べるようにとあらかじめ指示を与えられ、できるだけ手短に話さなければならない。

二〇〇六年の統計によると、フランス人のテレビ視聴時間は一日平均三時間二十六分であった。それだけ社会生活や愛情、恋愛に費やされる時間が減っていることになる。一方、若年層はテレビの前か、ゲーム、コンピュータの前で毎日平均四時間十七分費やしている（二〇〇六年十一月十八日付『ル・モンド』紙）。彼らは部屋に閉じこもるのだが、ウェブに接続しているので一人でいるとは思っていない。チャットサイトに自分の考えやイメージ、声まで送れるので世界全体につながっているように思える。

孤独は、人とのコミュニケーションがうまくいっていないから生じるのだと考えられ、情報や音楽、消費などで充足させることによって、孤独など吹っ飛ばせると考えられがちだ。そうしたなかで、コミュニケーションの研修や個人開発などの講習までが盛んになっている。しかし、それらの目標とは、逆説的にただ「コミュニケートすること」なのだ。問題なのは、どこに接続しても飽和状態にあり、親密なテリトリーもない。情報交換はするが、コミュニケートすることができないのが普通になっている。情報過剰のなかに私たちの知性も埋没してしまい、批判精神や他者にたいする感性も喪失していく。大量にコミュニケートしているように思いがちだが、深い意見交換にはある程度の時間が必要なのに、早急に表面的な交換をしているにすぎない。真の親密な関係は言葉よりも、相手にたいし余裕のある気持ちと、相手が元気なのかどうか、相手が話したいのか話したくないのかまで感じ取れる心の余裕が必要なのだ。そういうことをせずに自分自身と向かい合うことも避け、他人とは何も深く語り合えないコミュニケーションとやらでごまかしてしまう。

たしかにそれは新しい問題ではなく、ハロルド・ピンター（英国の劇作家。一九三〇～二〇〇八年、二〇〇五年ノーベル文学賞）は、六〇年代のいくつかの戯曲で、攻撃的な仮面の下に隠された他人にたいする恐れと孤独を扱っており、自分を理解することも、他人に同意することもできない孤立した人物を描いている。今日、モバイルやSMS、ウェブにより、こうした状態が今までにない社会現象となっている。それは、何時でもどんな理由ででも誰かに連絡でき、自分を安心させ、一人ではないという幻想をもてるからである。途中で切った相手にはクリックするだけで会話をつづけられ、ナンバーをクリックするだけで希望の相手にコネクトできるように、指先だけでどうにもできる万能感覚……。

世界中どこに居ようが、物理的に同室にいるような感覚で数人がスカイプで会話を交わすことのできる時代である。歩道でも若者が一人でアイホンで誰かと話している場面によく出くわす。しかし、ほとんどの場合、彼らはほんとうに会話を交わしているのではなく、今自分が何処に行くかを説明しているにすぎず、相手とコミュニケートするよりも、むしろ自分自身と話しているほうが多い。アイホンで話していないときは音楽を聴くかゲームをしている。音で空間を埋めながら、自分は一人ではないという幻想にとらわれているだけなのだ。司法官リシャール（五十一歳）もそれを認める。

僕が子どもだった頃、母が何の意味もない独り言をくり返していたのにいらいらしたものです。一日中、彼女は自分のすることを話すのです。「お皿を洗わなくちゃ、でも洗剤がないわ、スーパーに買いに行かなくちゃ、いえ、先に食卓の用意をしなくちゃ……」。今日、子どもたちがアイホンで同じように話しています。誰とだかわかりませんが絶えず意味のないことを、母が言っていたのと同じように話しつづけるのです。

私たちは絶えずスマホやアイホンであまりよく知らない人ともチャットし、一人でいる時間から逃れようとする。チャットは中身のない長談義やおしゃべりにすぎず、空白を埋めるだけのものなのだ。肝心の会話を交わすためでもなく、アポイントメントの交換か意味のないことを送信し合うのがくり返される。チャットではどこまでも表面的でいられ、相手との接触も求めない。ネットフォーラムやチャット、ブログ、パーソナルネットなど、すべてが現実とのあいだに距離を置き、個人的感情を遠ざけてくれる。たとえば人付き合いが苦手な社会恐怖症の人には、ビジュアルチャットによって、自分が責められることもなくコネクトできるという幻想を与えてくれる。

## バーチャル幻想

ウェブでは誰もが誰とでもチャットできるのだが、ますます感情的な、なかばプライベートなことまでが、それを読む者を動揺させるほどの明確さで描かれるため、外部から飛び込んでくるチャットに無関心ではいられなくなる。実際の人間関係の希薄化により、ますますバーチャル世界での表面的親しみのなかで露出症的な感情表現や、チャットしている者に親しみを感じることで、衝動的に内面的独白を一刻も早くすべて吐き出したくなる。チャット相手を個人的に知らなければ知らないほど自分のことを打ち込みたくなる。

ウェブでは自分の名を隠して、とくに性的アバンチュールを楽しめる。メディア専門家パスカル・ラルドリエ(『ネットハート。シングルとウェブ恋愛』、未邦訳)は、ウェブ恋愛を、誰もが仮面を被って参加できる恋愛カーニバルに喩えている。実際の肉体関係ぬきにウェブでどんなアイデンティティをも演じることができ、自分をホモセクシャルとは言わずにカッコいい男性を漁ることも、高齢男性が若い女の子を見つけることもできる。実生活に入らないかぎり、たいした危険も冒さずに幻想に耽ることができ、偽名と写真により自由自在に変容できる無限のイメージをのせることもできる。「サイバーカルチャーは、昔からロマンチックな表現によって成り立っていた恋愛を正反対なものに変えてしまった。シェラザード(訳注:千一夜物語で王様に王妃が一〇〇一篇の物語を語る)式に、ライバル同士を強烈な表現や低劣なイメージで取っ替え引っ替え征服していく楽しみなのだ」(米国人ゲイ文学作家ブルース・ベンダーソン著『セックスと孤独』、未邦訳)。

バーチャルは、誰かと関係をもてる幻想を与えるのだが、実際には孤立化を深めるだけなのだ。実生活の人間関係の入り込む時間も空間も残さないからだ。たしかに現実の孤独を癒してくれるかもしれないが、実在の相手は存在しないのだから、出会い系サイトに導くためのえさにすぎない。各々が言葉の断片によって作り上げる空想のイメージでしかない。スペイン作家ルチェ・エチェバリアは小説『Aime-moi, por favor（私を愛して）』（未邦訳）で書いている。

「バーチャル世界で私は実体のない、無色無臭、無味乾燥の、ある存在（白黒画面と文字――想像力を刺激するため最初から写真をのせることはしなかった）と関係をもった。彼の日常的なメッセージは名文でもあり、面白く、インスピレーションが豊かで、知的だった。彼がどのくらいの時間を費やしてそのメッセージを書き上げたかわからないが、果たして彼は僕が想像するように実生活で同様に面白く、インスピレーションが豊かで知的であるのかどうか確信をもてないのだ。もしかしたらそのメッセージは即時に書かれたものではなく、誘惑志向の作文のための練習文ではなかったろうか」。

バーチャルコミュニケーションは、実際に人と接しようとする出会いの機会をますます遠ざけていく。ウェブで相手を探すことは、自分と向かい合うナルシズムでもある。個人が自分自身の生活に満足していないとき、バーチャルによってまったく理想的なイメージを創造できる。そこには上司によるセクハラもなく、いつも美男（美女）で健康的であり、理想的なスタイルの人物像を創り上げることができる。オンラインゲーム「セカンドライフ」の仮想空間では、自分が夢見た特徴をそなえたアバター（分身）を創り上げ、完全に自由な世界に入り込み、自分だけの夢想世界を展開できる。「セカンドライフ」は現実と平行した世界を空想させ、実生活よりも簡単に友情関係をもてるように感じさせる。それは「実際に手を触れ合う以上に仮想人物と密着していると思わせる」と、精神分析家セルジュ・ティスロンは語る。たしかにすべてが仮想でありながら、あまりにも真実に見えるのである。

「セカンドライフ」では、すぐにでも交わえる友人を見つけることができ、ウェブ族は趣味の合う者同士のグループもつくれる。コネクトし合い、プロフィールを交換し、SMSを送信し合いながら「友人」にもなれる。この「友人」と話し合うのに、その家に行く必要もない。バーチャルの友人関係は、そのときの空き時間を埋めるだけでなく、自分は一人ではないという幻想を温めることができる。「ボンジュール、サヴァ？（こんにちわ、元気？）」「ウイ、サヴァ（元気よ）」というふうに。ウェブ上の疑似友人関係には喧嘩も起きない。意見が合わないときは、色々変えながら他の相手を探せばいい。ウェブ上の友情はリセットボタンを押すだけの関係になっていく。真の友情とは、経験をとおして時間を経て築かれていくものなのだが。

二〇〇五年、香港にアーティフィシャル・ライフ社が設立された。そのプログラムは、男性が実際に結婚生活を始める前に、疑似フィアンセ役を演じるヴィヴィエンヌとひとときを送れる、実生活に備えるための講習で、月六ドルを払えばモバイルが与えられる。彼女の合成音声で三万五千種類の会話が交わされる。「バーチャルは、太刀打ちできないと思われる現世界から身を守ってくれる」（「バーチャルロボット、ケル」『ル・モンド』紙、二〇〇六年十二月二日付）。

新テクノロジーは、コミュニケーションを革新したのと同時に、新しい孤独の世界をつくりつつある。家庭の中でも、家族の一人ひとりが各々の空間に閉じこもり、モバイルやパソコン、ビデオゲームの前に座り、一緒に食事をすることも少なくなり、母親は冷蔵庫を埋めることに気を配り、食事時に全員を食卓に集めることもむずかしくなっている……。以前は、駅のプラットホームで人びとは電車を待ちながら会話を交わしたものだ。今は各々がモバイルに口を近づけて、父親らしき男性は家に連絡し、何時に帰宅するかを知らせてから、子どもを一人ひとり呼び出し、「パパはお前たちのことを忘れてはいないよ」と優しく言ってやる。彼の横にいる実業家は同僚に商談の成り行きについて話している。数人の若者たちがあまりにも高音で音楽を鳴らせているので、周りの人も耳を傾ける。このような騒音が支配しているなかで言葉を交わす者は一人もいない。

情報過多の世界で、私たち固有の時間ははぎ取られ、一人になることはむずかしい。情報の飽和状態のなかにいながら、ある者は、外部の喧噪から離れて息をつき、自分自身の心の声を聞きたくなるものだ。空白、無音、情報・イメージの不在。モバイルやスマホ、タブレットなどすべてのものから遠ざかれるのは夢の中でしかないのか。その一方ではサイバー依存症の罠に落ちる者も多い。

## サイバー依存症

バーチャル交換があまりにも安易であることから、それによる新しい症状が出ている。小児精神科医マリー＝クリスチーヌ・ムラン＝シメオリによる二〇〇六年の報告によれば、児童・少年のなかで登校拒否が増えている。この学校嫌いは、母親と離れる怖さや、級友たちによるいじめ、教員やクラスメートによるからかい、校内暴力やプレッシャーに起因している。しかし、家庭でのウェブにつながる日常とビデオゲームなどで埋まる環境にも関係がある。

日本では数万人の少年が自分の部屋に閉じこもる「ひきこもり」、「社会からはじき出された」青少年の問題が話題になった。現在全人口の一パーセントを占めているという。現実に立ち向かうことを恐れ、なかには二十歳から三十歳の男性がウェブによる子どもっぽいプログラムやゲーム、マンガの世界に浸かるようになっている……。彼らは一生懸命ひきこもりから外に出ようとするのだが、ウェブに頼るしかない。彼らのセックスもビデオゲームやポルノ映画によって解消するしかない。外に出るときは、人との接触を避けるために人影の少ない夜、自動販売機まで飲み物や食べ物を買いに行くくらいだ。ひきこもり現象は、日本だけに限らずすべての先進諸国が抱えている。

アルノーは勉強がよくでき、プログラマーである母親との母子家庭で育った。中学ごろから徐々に勉強をしなくなり、高三で受けるバカロレアの前に完全に登校しなくなった。二年前からほとんど家にいて何もしない。日中は寝ており、午後に目を覚まし、冷蔵庫の中の物を食べる。よく目が覚める間もなく、コンピュータに接続し、まずチャットを始め、ゲームをし、アイホンで友人と交信し、音楽や映画、ビデオをパソコンにインポートする（読み込む）。

母親は、彼に生活の規則を叩き込もうとしたが無駄だった。夕飯だけでも母親と一緒に食べるようにと、台所のドアを開けたままにしておくが、彼は隣のカフェテリアにサンドイッチを買いに行くのだった。

チャットや出会い系サイトの病みつきになるのは、あまりにも容易《たやす》い。それはギャンブルやショッピング依存症にも似ており、不安感や不眠症をきたし、離脱症状となって集中力をなくす。サイバー依存症は、ウェブに接続することを抑制することもできず、さらにサイトに釘付けになる時間が長くなっていく。そのため、社会や家族、友人関係、レジャーにそそぐ時間が減っていき、仕事も侵蝕するようになり、夜も週末もコンピュータの前で過ごすようになる。夫を亡くしたアニー（四十三歳）は語る。

夫が長いあいだ病気を患い、死亡したあと、私はいくつかの出会い系サイトに登録しました。二年間のあいだ、職場から帰宅するとすぐにチャットに向かうようになりました。毎晩知らない男性と付き合い、帰宅するやその男にコネクトしました。しばしば男の家から朝帰りで直接職場に向かうこともありました。仕事にも熱が入らなくなり、ネット依存症になりました。食事するのも忘れ、家の中を整理する時間もなくなりました。

しかし、ウェブによる出会いで足をすくわれることもありました。ある日、私が交信していた男性が、私が仕事中に彼に送ったＳＭＳを会社に送ってきたのです。その次にもう一人の男性がエロチックな入力文を私の秘書に送ってきたのです。もう一人は女性だか男性だかはっきりしませんでしたが、私の偽名を利用してチャットに私の電話番号を表示してしまったのです。それからは多くの知らない男性から連絡が入り、私に会いたいという申し込みが殺到しました。職場で大きな問題となり、私はカウンセリングを受けることにしました。

私は「喪に似たうつ状態」、抑うつ症になりました。一般的に「喪」は悲しみや寂しさを覚えさせますが、外部への関心を失いさせ、活動意欲も消失させ、ときには罪悪感をもともないました。私は強烈な興奮状態のなかにあって睡眠不足、動揺、過剰な活動、衝動性、体力の消耗、支離滅裂な性活動といった時期を送ったことになります。

長期の病気に罹った夫に全力で尽くしながらも、夫を癒すことのできなかったことへの罪悪感に苛まれました。
一人で暮らしたことがなかったので夫の死後、途方に暮れ、孤立状態に陥りました。私は自分自身が死んでしまったように感じられ、狂ったように男たちと交際を重ねたのは、自分がうつ状態に陥るのを防ぐためだったように思います。

ウェブは意外な犯罪に至る挑発的な形をとることもある。

「二〇〇六年六月十六日、カルカソンヌの高等裁判所で一人の女性が Meetic.fr などの出会い系サイトによる詐欺容疑で有罪になった。彼女は計画的、自発的な暴力を働いたという。会社の上司のコンピュータを使い、いくつかの偽名で彼女の同僚になりきって『性関係をもちたがっている女性』として出会い系サイトに入力した。さらにこの同僚のメールアドレスを公開したのである。じきに被害者に多くの男性からＳＭＳが送られてきた。ショックを受けた被害女性は病欠願いを出し、彼女を告訴した」（二〇〇六年六月二十六日付ウェブニュース紙）。

サイトとセックスを結びつけた、この種の常軌を逸した犯罪は、オンラインによるコミュニケーションの簡略化のためだけとは言えない。現代の過剰なセックス社会がウェブと結びついた結果とも言える。

オナニスト社会

風俗上のタブーが消滅したことによって、常にエロチックな挑発が許される時代となり、快楽を伸ばすためのセックスパフォーマンスをめぐる新しいスタイルが生まれつつある。自分をハツラツと見せるために、セックスするパートナーを増やし、「ノーマル」な関係ではたいして興奮しないので、異なったタイプの性交や、何カップルかによるスワッピング、「ソフト」な性的変態、セックスグッズの使用へと進む。今日の社会で増えているのは、一部の人が「プラスチック・セクシュアリティ」（英国人社会学者アンソニー・ギデンス著『現代社会での性生活、愛、エロティシズム』、未邦訳）と呼んでいるオナニーやオーラルセックスである。

今日、子どもたちは、ネットやポルノ映画により性行為のテクニックと効果を、ますます早期に知るようになる。彼らは禁止されることなく、まだ性欲も感じないままセックスを知るのである。性的タブーの消失と共にエロティシズムや欲求も消えていく。モードのブランド品や若い女の子向きの雑誌によって、自分自身の性的魅力を誇示することも知るようになる。カナダの社会学者リチャード・プランとアメリー・ラプラードによれば、「彼女らは、まだ性欲の対象になり得ていないのに、セックスのオブジェに変身する。そして自分自身が存在するために、他人の視線の囚われの身になる。女の子たちは身を外部にさらすことによって、セックスのイメージをつくっていくのだが、愛というものをセックスと消費文化に埋没させてしまう」（『若年層における過剰セックス、エロチック・ポルノ化』、未邦訳）。

今日、セックス依存症に悩む若い男性が増えているが、同類の症状が若い女性のあいだにも見られる。衝動的性欲は、拒食症や過食症などに取って代わることもある。この問題は女性雑誌などにより女性の性解放として話題にされたのだが、その面での遅れを取り戻そうとした女性のあいだで顕著になりつつある。グロリアはなまめかしい五十歳のアーティストだ。

私はハイソサエティとの付き合いが多いのです。既婚者で、夫と大きなアパルトマンをもち、息子は漠然と大学生活を送っています。夫は仕事で留守がちです。夫婦仲はだいぶ前に終わっていますが、外見的にはカップル同士でいることにしています。私にとって、生活の中で一番大切なのは「気持ちのよいセックスをする」ことであり――「恋する」とは言わない――、今は夫婦仲がうまくいってないのでカウンセリングに来たわけです。男性は若くて男性的であるべきだと思いますが、エクスタシー（合成麻薬）がないと強烈な快楽を感じられません。ますます多量のエクスタシーを必要とするようになっています。

ある者は性的興奮と肉体的快楽、ポルノまたは極端に変質的体験を味わおうとするのだが、それらはどこまでも肉欲であり、愛情関係ではない。ほとんどの女性がポルノを避けようとするのは、その関係のなかで女性が男性の肉欲に服従し、隷属し、暴力的女性差別の対象となるからである。

性関係についてのこうした分析に反動してか、今日の世代は性関係をますますウェブで求めるようになっている。ウェブの七〇パーセントはセックスに関係しており、二五パーセントはポルノ関係のサイトに向けられている。アメリカの児童心理学者ジャニス・ウォラックによる二〇〇五年の調査によると、十歳から十七歳までの青少年の四二パーセントは、自分から選んだわけではないのにポルノグラフィにさらされ、それにより後年の彼らの性体質が影響を受けるとしている。セックスにたいする恐怖感を抱く一部の男性は、一人でバーチャルポルノを鑑賞するほうを好み、実際に女性との関係で失敗を舐めさせられるよりは、自分が達し得ないパフォーマンスを夢見ることで我慢する。ジゼール（三十八歳）の体験を追ってみよう。

偶然にわかったことですが、夫が暇さえあれば、ポルノサイトやセックスフォーラムを見ていることでした。私は看護婦ですので夜勤も多く、夫は失業中です。自宅のコンピュータで調べましたら、彼が何人かの女性とエロチックな会話を交わしているのがわかりました。その一人の女性には、彼が勃起している写真まで送信していたのです。それについて夫に問いつめますと、かなり前から定期的にやっていたというのです。彼はすこし恥じているようでしたが、そんなのは普通であり、男たちは皆同じことをしており、彼らの夫婦関係はノーマルなのだから問題ないと言うのです。私はショックのあまり、どのような態度をとっていいのかわかりません。夫と別れようとは思いませんが、夫を全然信用できなくなりました。

今ではウェブは、巨大なセックスショップとなっており、日中でも深夜でも密かに利用することができる。なかには依存症にまでなり、職場でもセックスサイトから離れられなくなる。上司はポルノメッセージを職場のスタッフに無差別に送信することで、セックス依存症になっている社員を摘発することもできる。バーチャルは、肉体的不快感を覚えさせずに性的興奮を高める役を果たす。米国などでは、むしろサイバーセックスはテクノロジーによるコンドームとまで言われている。オナニスト（自慰）社会では、現実の肉体はそこにはなくバーチャルなものになっている。社会学者ダヴィッド・ルブルトン（『肉体よ、さらば』、未邦訳）によれば、「肉体はますますバーチャル肢体になりつつある」という。

先進国で進行しつつあるこれらの変化は、バーチャル世界に浸かった、ひとつの形の孤独へと導いていくのだが、本書でこれまでに想起してきた以上にグローバルな次元で捉えないかぎり理解するのはむずかしい。個人主義と消費文化とナルシズムが錯綜する、過剰に豊かな社会との関係のなかで捉えるべきだからだ。

## 8　消費文化に踊らされるナルシズム

「欲求する者はその欠いているものを欲求するか、または欠いていぬ場合には、欲求することもない」（プラトンの『饗宴』に書かれたソクラテスの言葉）

誰もが私生活で味わう孤立とは、昔から存在する個人主義の反映にすぎないのだが、ＩＴ革命によって人の表現力が減退していくにつれて孤立化が進んでいく。現代社会が生み出す孤独を各々がふせぎ止めるには、何の努力も必要としない即時的満足感に浸るか、精神刺激剤によって孤独をかき消すしかないだろう。

### シリアライズ（並列化）される個人

今日の社会で個人はその中央に位置しながらもひとりぼっちであり、一個のコマにすぎない、「シリアライズ（並列化）」された個人でしかない」（アルゼンチン人哲学者・精神分析学者ミゲル・ベナサヤク著『個人神話』（未邦訳）。私たちは互いにクローンでしかないのだが、現代社会のなかで誰もがユニークな特徴のある存在であろうとする。が、職場でそうなるのは容易ではない。せめてカップル生活においては代えがたい、誰も自分の代わりにはなれないような存在になろうとする。五〇年代にすでに米国の社会学者デイヴィッド・リースマン（『孤独な群衆』加藤秀俊訳、みすず書房）は、的確な比較によってこの現象を指摘している。流通用語でもある「製品差別化」とは、企業が商品に特徴をもたせるために販売価格で他社と競うのではなく、他社の製品とのわずかな違いを強調するために——部分的には広告キャンペーンにもよるが——同類製品と異なる点を強調する。

このキャンペーン法は、今日の男女関係にも当てはまる。職場でも出会い系サイトでも、どうやって自分を際立たせ、特徴付けられるか。一方では、さまざまなグッズによって個人個人が周りの気を引くようにしているが、考え方は、周りと同じという安心感と共に、ひとつのグループに属し、クギのようにそこから飛び出さないことが要求される。とくに職場は、社員にそれぞれの個性を表現するようにと促しながら、もう一方では、会社の鋳型にはまるようにと要求する。同様に出会い系サイトにおいても、多くのユーザーのあいだですこしでも自分が目立つようなプレゼンテーションをする反面、できるだけ多数がアプローチしやすい平均的な印象を与えようとする。

同類からなるコミュニティは異物が入って来るのを恐れる。同じことを求めている同類者が集まっていることで議論の入り込むことはないのだが、真の話し合いや、互いの考えを交わし発展させる可能性も除外される。「コミュニティ」といっても、セクシャル、エスニック、ミュージック、その他のサブコミュニティのひとつにすぎない。それぞれがその特殊性により幻想を与えるのだが、現実ではまったくの同類である。それらは外部に開放された大きなグループではなく、それぞれが小グループとなって、彼ら同士のあいだではツーカーでいながら他のグループを寄せつけようとはしない。ちょうど青少年らがグループで移動し、同じ音楽を聴き、同じマークのウェアやスニーカーで身を固めるように。

今日の個人は、多くのグループのあいだを行き来しながら、表面的なつながりを楽しんでいるにすぎない。しかし、ひとつのグループからもうひとつのグループのあいだを行ったり来たりしていると、自分がどこにも存在していないように感じられるのは、何にも属していないからである。実際に社会生活に参加せずに、友人や恋人、家族との関係も気泡のようなものにすぎなくなる。

メディアがつくり出すトレンディとは、大手製造グループの「メディアプランナー」による「消費に向かう羊の群」への誘いでしかないのである。

## 存在するために消費する……

今日、他人に認められるために存在しているだけでは充分ではなく、消費しなければならない。まず外見によって、身につけているもののクオリティ、所有しているものの数によってはかられる。多くの女性雑誌は読者に魅力的な商品、衣服、香水、化粧品……などをできるだけ大量に買わせようとする。同様に日刊紙や週刊誌、テレビ広告も最新製品や旅行、映画などを「さらに多く、もっと頻繁に」消費させ、私たちの生活空間を埋めようとする……。

しかし、以前より高い生活水準とテクノロジーによって完全に私たちが充たされているとは言いがたく、精神的苦しみと共にますます孤立化が進んでいる。フランス人哲学家ジル・リポヴェツキー（一九四四〜　。『失望社会』、未邦訳）によれば、「フラストレーションが高まれば高まるほど、購買欲も高まり、私生活の失望と共にその感情がますます深まるなかで、消費欲によって精神的落ち込みをカバーすることができる」。しかし、消費だけでは個人を充たし得ないから、フラストレーションはさらに深まるのではないだろうか。物質的所有欲によって常にもっと欲しくなり、その欲求は留まるところを知らず依存症になりかねない。「常にもっと多く」と、けっして充たされない欲求となる。

空虚感と苦悩を恐れるあまり、ひとつの活動からまたひとつの活動へと、あちこちとのり換えながら、休息の時間ももたなくなる。十七世紀のモラリスト、ラ・ブリュイエール（一六四五〜九六年）が一六八八年に書いた名言に、「われわれの悩みはすべて、ひとりでいられないことからもたらされる。そこから賭け事、奢侈、放蕩、酒、女、無知、悪口、羨望、自我、神の忘却などが生じる」とある（『カラクテール〔人さまざま〕』、関根秀雄訳、岩波文庫）。自分自身のイメージと突き合わせるのが怖ければ、人と交歓し意見を交わすこともできなくなる。人とコミュニケートし、絶えず消費し、活動を求め、新しい快楽を求めようとするのは、自分の存在の空虚感を感じ取ろうとしないためである。しかし、このような盛り沢山の時間の送り方によって、一歩下がると、さらに大きな空虚の前に立たされかねない。精神療法士イレーヌ（五十三歳）は、彼女の体験を語る。

どうしてそんなに学問を学び、働き、ボディフォームを保つためにスポーツをしなければならないのでしょうか。私は母よりましだとは思っていません。自分を見つめると、生への意欲を失っている姿が見えてくるのです。いろいろな活動に参加しながら自分の空虚な気持ちを紛らわせているにすぎないのです。自分が生き生きしているとは思えません。立ち止まって大地に耳を傾け、星空を眺める必要があるのでしょう、生と死を恐れずに。

今日の生活のせわしなさと共に時間が加速化するなかで、私たちには夢見るための澄みきった空間が欠けている。子どもたちは、さまざまな課外活動のプランニングにそって育てられており、彼らの日常は授業と宿題のほかに、スポーツや音楽、デッサン教室などで埋まっている。社会生活があまりにも過密になると、なかには、それ以上能力をのばすことを諦めて、自分が期待されているレベルに達することも断念し、ある意味で「身を引き」、プラスでもマイナスでもない、単にあるがままの自分になりたいと思う者もいる。かなりの人が定年前に退職し、田舎に引っ込みたいと言うのに当てはまる。

## 幸せでなければならない

しかし、消費文化のプレッシャーだけではない。魅力が万能の力をもつ今日、魅力的であることが存在していることを示し、そのためには他人の視線を必要とする。広告マンであるエリック（四十二歳）は語る。

僕はあまりにも他人の視線が気になり、考える間もないほどです。いつも女性たちが僕をどう位置づけているかによって、自分が何であるかが決まりますから。ですから女性なしでは暮らせません。

一人の女性が去っていくや僕はパニック状態に陥り、代わりの女性が必要となります。

仕事を探すにも、わかり合える女性を探すにも、自分のイメージに気を配らないではいられない。美男で、スタイルもよく、笑顔で、落ちついていて、幸せそう……な風貌でなくてはならない。もし幸せでなかったら、外見だけでも平凡なタイプや社会の除けもののようなイメージを与えないようにしなければならない。今日の社会で「幸せ」は、社会人に不可欠な条件になっており、幸せでないことは敬遠すべき弱点のひとつとしてとられ、その原因が何であれ、不幸せは個人的な失墜とみられる。

職を失うかもしれないが職場で成功すること、何度かパートナーが代っても、そのつど私生活がうまくいっていること、親の言うことに耳を貸さない子どもたちをどうやって育てていくか、これらすべてが心配の種になるのだが、それを表に出さないこと。元気でない状態で、どうやって仕事を見つけられようか。意気消沈したまま、どうやってパートナーを見つけられようか。疲れているときも愛想よく、ぶつぶつ文句を言いたいときも笑顔を絶やさないようにする。こうして誰にでも好感のもたれる「偽の自分」ができ上がっていく。内面的な感情は内に封じ込め、真の自分にベールを被せたまま生きていくようになる。

多くの者が、人一倍優秀でなければ、とるに足らない存在だと考えるようになる。現代のＩＴ社会は人間を万能と信じ込ませるまでになっている。医学によって希望する時期に子どもを産むことができ、整形手術によって身体の不満な個所を修正でき、精神活性剤によりパフォーマンスのレベルも上げられる。そしてウェブにより夢見た未来を約束してくれる、自分にぴったりの相手と出会うこともできる。広告やメディアは型破りの成功を夢見させるように仕掛ける。ちょうどフランスのテレビ番組「スター・アカデミー」（デビュー歌手の選抜番組）が数週間で大シンガーをつくり上げるように。雄大な願望を抱かせるこの種の番組で、落とされた素人シンガーたちは、さらなるフラストレーションに襲われ、自分の能力不足を突きつけられる。選ばれるだけの能力のなかった落選者は、勝利者となった歌手を羨望しながらも、勝利者が何らかの失敗を冒し、芸能界から締め出されるのを待ち望んでいる。

今日の社会で男性に不可欠の条件――美男、裕福、有能――を目指す者にとって、そのどれかを失うことは耐えがたい。カウンセリングに来る男性たちは、自分の能力の不充分さや、目標に達し得ず、期待されるレベルまでいっていないことに悩み、肩にのしかかる重圧を感じ、自分の能力の不十分さ、仕事からくるストレス、逆に歯止めの効かない欲求のあいだで揺れ動く。社会学者アラン・エランベルグ（『自分であることの疲れ』、未邦訳）によれば、今日の男たちは、「自己責任病」（生活習慣病）が高じてますます無能力感を覚え、「過失恐怖症」よりも「自律神経失調症」に罹りやすいという。

このような拘束と競争を強いられながら、多くの男性は精神活性剤を摂取する。なかには朝方、ビタミン剤とのカクテルを呑み、日中に仕事が立て込むと、さらに持続するために興奮剤をとり、夜、帰宅し気を落ちつけるための錠剤を、そして眠るための睡眠薬をというように、いつの間にかこれらの錠剤に依存するようになる。依存症はストレスに陥らないための手段であるのだが、同僚同士の争いや衝動的な態度に出るようなことも抑えられる。このようにして依存症の者が増えていき、彼らはアルコールの力を借りてさらに強い刺激を求めるようになり、ゲームやドラッグ、セックス、それも倒錯的なセックスをも求めるようになっていく。

そして、すこしでも精神的な疲れを感じるや、抗不安剤や抗うつ剤に頼ることになる。フロイトも認めているように、「われわれに負わされている人生は、われわれにとって重すぎる。つまりそれは、われわれにあまりに多くの苦痛や、幻滅や解決しがたい問題を課しているのだ。これに耐えるためには、鎮痛剤なしではすまされない。そのような手段には、たぶん三通りあるだろう。つまりわれわれに自分たちのみじめさを軽く見させる有効な気ばらし、みじめさを減少させる代償的満足、みじめさに対してわれわれを無感覚にする麻薬である」（フロイト著『文化論・文化の中の不安』吉田正己訳、日本教文社）。

## 倒錯の通俗化と、脆いナルシズム

倒錯の傾向は二十世紀初頭のブルジョワ社会の一部で見られたが、今日では広く一般に広がっている。なぜなら外見を重んじる社会で大事なのは、自分が何であるかではなく、人にどう見られるかであり、自分の行為が如何なる結果を及ぼすかではなく、人の目にどう映るかなのである。そのため倒錯の大衆化が進んでおり、すべての分野において人をオブジェとして扱い、利用できるだけ利用し、必要なくなれば捨てる。精神分析学者シャルル・メルマン（国際ラカン協会会長）は著書『重々しさのない人間』の中で、「消費活動が抑圧の経済から享楽の露出の経済へと変化させた」とし、倒錯は社会的に一般化していると述べている。

今日、ナルシズム症患者が増えているのは、彼らの性格のタイプが現代社会にぴったり合っているからである。こうした一般人の変化は、職業生活と経済戦争がもたらした変化を反映しており、「生きるための闘い」に参加する経済人間という神話に条件付けられ、常に彼らは衝動的に行動する。したがって内面性に欠け、遊戯的、表面的関係を求めつづける。彼らは表面的な関係に時間を費やし、愛情関係や親密な関係になることを避ける。しかし、それは彼らを絶えず感情面で不安定な状態に置くことになり、自らそれをかこつのである。彼らは生活に何らかの意味を与えることによって、内面的空白を埋めようとするのだが。

筆者と同世代の精神分析医たちは、フロイトが表わした神経症から人格障害への移行を認めてきた。しかしながら、フロイトに忠実であるがため、今日でも多くの精神分析医は社会の変化を顧みないのである。個人が抱える苦悩の原因は欲動を抑制しているからだとし、患者を助けることもできないでいる。精神分析は、強い超自我をもち厳格な人格をもった個人を対象にして発達してきたのだが、衝動的欲動と闘っていた自我を支えていたタブーも、教会などの社会的威信の崩壊によって消滅した。

精神分析治療に来る今日の患者は、はっきりした症状を抱えて来るのではなく、社会のきびしさをかこつために来る。彼らの苦悶の原因を問うために来るのではなく、むしろ「彼らを動かす歯車」をうまく機能させるための修理を頼みに来るのである。彼らは心理的に無感覚になっており、空虚な感覚について語るのだが、その原因を見つめようとはしない。単に居心地の悪さへの処方箋を求めようとする。ちょうど糖尿病や高血圧への処方箋を医師に求めるように。

彼らの悩みの原因は、感受性の厚みと深さが消失したためとも言える。すべてが表面的でありながら神経だけがピリピリしているという状態。軽い指摘をされてもすぐに強い反応をし、自分のイメージを大切にするあまり、上司や友人が注意すると、意気消沈してしまう。自分が理解されず、のけ者にされているのではないかと思い込み、批判されると自分が責められているのだとふさぎ込む。このような被害者意識は、肉体的、心理的にも防備が孔だらけになっていることを示している。子供時代に自主性を保護する囲いを築けなかったこと。したがって外部からの干渉から自我を守るために、他者との相違点をはっきり示す必要がある。

ナルシスト的倒錯者は、人を主体として認めようとはせず、相手の苦しみを思いやることもしない。そしてさまざまなハラスメントによって他人の生活を侵しながら、自分を存続させようとする。すべてのナルシストが倒錯者であるとは言えないが、最近、倒錯傾向の通俗化が見られる。相手の存在を無視すると同時に、責任を回避し、問題が起きたときには、自分自身を問題視せずに第三者のせいにしようとする。

## 自信過剰の落し穴

すべてが守られている……。倒錯と平行して、ナルシスト症患者のなかに増えているのが、「惰性失読症」である。精神科医・精神分析医モーリス・コルコスによれば、「惰性失読症とは一九七二年にできた新語であり、語源的には、言葉で感情を言い表わせない症状」だという。患者は、現実に即し描写的に語りながらも、自分が生きた出来事にたいして感じたことよりも表面的な面を語るにすぎない。そして争いを避け、軽率な行為に走りやすい。

惰性失読症は、無感覚な防御態勢に匹敵する。この症状をもつ患者は自分の感情を表わさず、他人の感情をも感じ取ることもできず、共感することもない。まったく一人であり、それが気にもならない。幾人かの専門家によれば、それはある体験によるトラウマによるものと言われるが、重大な出来事によるものではなく、非常に陳腐で日常的なことからくるトラウマだという。

おそらく政治家やメディア、広告などが、市民の希望をわき立たせたようなキャンペーンを信じたにもかかわらず、叶えられなかったことへのフラストレーションなども影響しているはずだ。これらのフラストレーションを覚える人たちは、成人しても彼らのすべての欲望が実現するとはかぎらない、ということを理解し得ない。彼らのなかには、自分の期待が叶えられなかった被害者としての賠償を要求し、訴訟に出る者もいる。

こうしたなかでカウンセリング自体の変化をうかがい知ることもできよう。自分の内面を分析してもらうために精神分析医に診てもらうのではなく、現時点での居心地の悪さと闘うのを助けてもらうためのケースが増えている。精神療法と比べて伸びているのが、とくに認知行動療法であり、自分に叶えられるべき幸せを阻んでいる何かしらの症状を、短期間に治療したいと思う患者である。したがって彼らは努力もせず短期間に解決できる精神療法を希望する。彼らが期待するのは、心理的抑制を省くことと、衝動の即時的満足感、内面的不安感の解消のための療法なのである。カウンセラーの治療法がどうであれ、患者の「自信」を高めることと、他人への依存度を少なくすることである。しかし、それは結果的にはナルシズムの傾向を強めさせることになるのだが。そこからエゴとの闘いの第一歩が始まるのである。

コーチングや新しい療法は、愛情面の空白を埋めながら患者に自分の価値観を再認識させることであって、彼らの欲求や関心「事」に他人を従わせるためではない。コーチングの目的は、本人がもっている「潜在的な資質を開発」し、長期間にわたる研修や精神療法を経ずに、もっと「実力を発揮できる」と約束することであり、深い問題を提示することなく、社会のルールに順応させることである。

テクノロジーがすべてを操作している社会のなかで、それを逆手にとることを学ばなければならない。たとえば孤独に絶望しているのなら、さらに効果的な出会いの方法が提示される。異性の気を引くために最も良いイメージを与えるための「ルルッキング（ルックチェンジ）」講習もある。ひとつのグループになじむために、自分の目立ちすぎる特徴を和らげるためにカウンセリングに来る患者もいる。このような即効療法により自分自身に満足できるようになれば、他人を必要としなくなる。だが自信をもつには、他人の視線が必要だ。

どんなカウンセラーも、患者に自信をもつことが大切だと助言する。しかし、自分の外見だけに気を遣えば遣うほど、虚無感に直面させられる。自分を偶像化し、快楽のためのオブジェにしてしまうからである。このようなケースにたいし、カウンセリングの目標は、不完全で脆い人間であることを自分に受け入れさせ、スーパーマンではないことを認めさせることである。しかしながら現在の新しい療法は、「常にプラスアルファ」という安易な幻想を抱かせようとする。自分の弱点や脆さを認めるには逆に勇気がいるのだ。そしてうつ状態になることも恐れずに、そのあと心機一転できるようにしていく。自分は「平均的」人間にすぎず、大切なのは「誠実な」人間になるように努めること。心理療法士は患者に実現可能な目標をもてるように指導しなければならない。雄大な目標だと挫折したときに意気消沈させかねないからだ。

確実性が要求される現代社会において、メディアは簡単で楽なイージーライフをうたう。しかし、すこしの障害や困難にもぶつからない生活は不可能だろう。苦しみのない永続的な幸せを求めるあまり、現実的な喜びをないがしろにしかねない。国立衛生医学研究所長・倫理委員会会長エルヴェ・シュネヴェス（『神経学と神経倫理学』、未邦訳）は、「安らぎの感情が他人をも、自分をも常に充足させてくれるような、快適な個人生活を維持するためには、苦しみは時空間に関係なく排除されなければならないのだろうか」と提議する。

何かに疑いをもち、問題視することは、精神的に健康である証拠と捉えるべきなのだが、ポジティブなものとはみられなくなっている。考える前や何かを創り出す前に疑問を抱くことを止めさせるべきなのか。このような環境のなかでは、孤独を選ぶ余地もあまりない。

少ない努力で効果を上げることをモットーとする「個人開発」の解説書は、他人との関係改善や「個人の資質」の開発のために、個人感情をコントロールするための種々のアドバイスを提示する。新興宗教団体などは、精神的ガイドの需要に応えるため、「個人研修」または疑似心理療法研修を盛んにしている。目標を失った人びとは非常に影響を受けやすく、彼らのアイデンティティはしっかりしておらず、混迷しがちであり、サポートを必要としている。彼らは、ある真実によって安心させられることを必要としているから、新興宗教団体の餌食になりやすい。

だが不安が生むナルシズムは、明るく開放的なものではなく、世の中を恐れるあまり、しばしば閉じこもりの同義にもなる。対人恐怖症、失業不安、男性恐怖症、病気になることの恐れ、歳を取ることへの恐れ、とくに「ノーマルでない」ことへの恐れなど。自信をもつことは、他人が自分をどう思っているかなどにかかっており、仕事上の失敗や老齢化によって、さらなる淋しさと孤独感が深まる。自分の殻に閉じこもるか、または恋愛感情が芽生えるかもしれない、ウェブによる出会い系サイトに最後の望みを託すほかないのだろう。そのむなしいシステムについては先に述べたが、現代社会でのこの大きな現象を素通りすることはできない。

# 9　出会い系サイト

「すみません、僕が望んでいたのとは違ったので……。オ・ルヴォワール！」

一人のミーティック・ボーイ

フランスのメディアに結婚告知欄が初めて現われたのは、十九世紀末で、情報媒体の中で一番有名な新聞は『シャスール・フランセ（フレンチ恋愛ハンター）』だった。その五行広告掲示板には、何よりも経済的な面を条件とする結婚相手探しが大半を占めていた。たとえば、第二次世界大戦後は多くの戦争未亡人が、後妻を求める男性を探し、どんな条件でも受け入れた。残りの人生を未亡人として送らないための夫探しであり、恋心や愛情が生まれれば御の字だった。

「シャスール・フランセ」からミーティックへ

フランスでは、フランス電信電話局によるミニテル（ビデオテックスシステム）が一九七九年に登場した。それはじきに幻想世界を満たすネットワークに変容し、出会い交信はセックス中心になっていった。インテリ向きの週刊誌『ヌーヴェル・オプセルヴァトゥール』（現L'OBS）の掲示板頁も出会い系スーパーのようになっていった。スピード・デイトやターボ・デイトなどは、パートナーを探すには多忙すぎる若い幹部クラスによる掲示板で、一晩で「ものにしたい」相手を見つけるための五行広告頁だった。ラファイエット・グルメ（ギャルリー・ラファイエット食品部）などは「ハントの木曜日」を開催し、シングル客が買い物かごをさげてうろつくなかで相手を探し出すというもの。このように二十代から四十代の都会のシングル族を対象とする出会いの催しが増えていった。公務員のサラ（三十二歳）は自分で出会いの機会をつくろうとした。

私はパリに移転して来ましたが、知人はおらず、職場には既婚男性しかいません。そこで招待客をセレクトしてシックなディナーの夕べや、独身者だけの料理教室を開いたり、さらに少人数のツアーまでオーガナイズしましたが、話題にのぼるのはセックスの話ばかりでした。私はうんざりし、諦めました。耐えがたい孤独と共に暗い未来が見えてくるようです。

一九九〇年代末以来、インターネットによる無料の出会い系サイトや有料サイトにより「運命的な出会い」を約束するサイトが空前の伸びを見せ、ウェブによる出会い系サイト市場は、驚異的な繁栄をきわめている。二〇〇一年に開始され、フランス人に最も知られているMeetic（ミーティック）は、二〇〇五年十月に三億五六〇〇万ユーロの評価額で株式公開を果たした。現在、ミーティックは欧州の一三カ国に九カ国語で導入され、創立から二〇〇六年までに一七〇〇万人が登録し、フランスだけで五〇〇万人におよんだ。ライバルサイトとして、Match.com や netclub.com などもヒットしている。他のサイトは、宗教やセックス、地方色などを売りものにしている。

以前に結婚相談所を利用していた人たちは、出会い系サイトをバカにしていたのだが、いまでは出会い系サイトの愛用者になっている。情報過剰な社会のなかで、自分と異なる分野の人と関係を結ぶのが稀になっており、社会生活が充たしてくれない欲求に応えてくれるのがこのようなサイトである。ウェブで誰かと出会い、うまくいけば親密な関係にも発展する。異性または同性のシングルと交際することが今まで以上に簡単になった。

出会い系サイトは数百万人のシングルの需要に応えていると誇っているのだが、その数字はたいして信用できない。なぜなら結婚生活と平行してアバンチュールを求める既婚者（とくに男性に多い）や、またいくつかの偽名を使う者や、登録を解消しないままのユーザーも含まれているからだ。二〇〇四年にアメリカで行なわれた調査によると、出会い系サイトのユーザーの平均的プロフィールは、二十五歳から四十五歳、大学教育を受けた者、生活水準は中流以上だという。そのうちの六五%は男性だが、積極的なユーザーの半数は女性が占めている。というのは、男性は相手から回答がないと諦めてしまうが、そのまま登録を保持しているからだ。また男性はアクセスしてきた七三%の相手に誘いのメールを送り返すのだが、それに答える女性は一八%にすぎない。一方、女性の側から誘うのは二五%にすぎないが、ほとんどの誘いに同意のメールが返ってくるという。

ウェブによる出会い系サイトがヒットしているのは、偽名で簡単に入力できるからだろう。コンピュータ、できればＡＤＳＬ（アナログ電話回線を使ってネットに接続できる通信サービス）で通信し「遊べばいい」のである。こうして危険の少ない遊びのための浮気や誘惑を楽しめる。簡単、偽名、経済的という三拍子によって、交際が苦手な非社交的な人でもいつでも時間に関係なく、夜中でもパジャマのままでチャットを交わせる。最初は孤独を紛らわすための時間つぶしで始めるのだが、じきに病みつきになる。こうして実生活で他人とコミュニケートしにくい人は、ますますネットにかじりつきになる。

ラインによる出会いでは、自分のイメージや文体、内容までチェックでき、肉体に関する表現などは避けることもでき、いつでも理由も言わずに中止することもできる。出会い系サイトのユーザーが全員、交信しつづけても、実際に出会うまでの勇気をもつとはかぎらない。どこまでも偽名で自分の弱点を隠すこともでき、自分の理想的イメージをつくり上げ、バーチャルな存在になれる。ある者はひとつのゲームのように、「ぼくは一晩で異なるアイデンティティをつくり上げ、別の人間になれる」と言う。そこには一種の仲間的な暗黙の了解が行き交い、実際の関係を損なうこともない。チャットはしばしば放蕩的な遊びにもなり、親密な打ち明け話やサイバーセックスにつながることもある。

当初、出会い系サイトのユーザーの大半は男性で、女性はえらいサイトにぶつかったことに当惑し、セックスだけを求める誘いを避けたものだ。以来、風俗も変わり、男性、女性に関係なく同系サイトのユーザーとなり、女性自身が性的な出会いを求める誘いの文句を入力している。出会い系サイトによってカップルもそれだけ速く生まれることになる。以前は、出会いからカップルとなるまでには徐々に親密さが増していく時間が必要だった。今日のサイトでは、女性の要求レベルが高いのにたいして、男性は女性の希望も考えずに急ぎ足だ。二人とも即席の恋に落ちるのは速いのだが、とかく女性はすぐにでも将来のことを約束したがる。それにたいして男性は、将来のことを話されたり、何かで意見が異なったりすると、すぐに去っていく。

## クリックするだけ

パートナーを見つけるには、サイトをクリックするだけでいい。あまりにも簡単至極。記入欄に入力し、自分の特徴を簡単に書き、写真も貼付できる。例外を除き、ほとんどの出会い系サイトには入力文のチェックもなく、出会いのチャンスを増やすために多少の若返り美顔術をほどこすこともできる。男性なら年齢や職業についても嘘をつけ、郊外に住んでいるならパリの住所にして、教養の面でもほとんどのコンサートや展覧会に行っていると入力し、既婚であるかどうかも偽ることができる。ブティック経営者エンマ（三十四歳）の体験を聞いてみよう。

男性というのは、実生活をどうにでもコントロールできるものです。ある男性は妻と別れたと述べているにもかかわらず、家では奥さんと別々の部屋で寝ているのです。もう一人の男性は、奥さんと別々のベッドに寝ていると書いているのですが、実際には同じベッドでマットレスを離しているだけなのです。

女性たちも同様に、自分の年齢や出自、学歴などもごまかせる。この種の偽りが一般化することによって誰もが警戒心をもち始めながら、「みんなしているのだから」と臆面もなく自分もそうするようになる。自分のことを述べるのにリアル像よりも理想的イメージを入力し合うため、真の関係をもつのはますますむずかしくなっていく。誰もが外見ばかりを強調したがり、資質面をなおざりにしがちになる。多くの者が、自分が恥ずかしく思っている欠点や、知られるとハンディになると思われる点を隠そうと努力しているのが見られる。このような偽りのプレゼンテーションでは、実際に会ったときに相手を幻滅させかねない。ある五十一歳の男性は出会い系サイトにこのように入力している。

今年も幕が閉じようとしており、今までの生活を総括するときでもあります。相変わらず私は一人です。理由は、今まで女性よりも他のことに追われていたからです。女性たちに関心を寄せるべきでしたが、出会い系サイトを利用した経験から、その逆を知らされたのです。年齢から写真、その女性についてまですべてが嘘だとわかったのです。実際に出会う前に、それらの嘘だらけの入力文に愛想をつかされました。考えたあげく、一人でいるのはそれほど悪くなく、誠実さの欠けた偽善的出会いを重ねるよりも一人でいるほうが良くなりました。出歩いたり、スポーツを楽しんだりし、この素晴らしいひとときを、もし誰かと共に分かち合えれば、どんなに美しい日々を堪能できることでしょう。

サイは投げられ、数十人、いや数百人にコネクトでき、相当数の人びとからＳＭＳが舞い込んでくるようになる。それほど多数のユーザーの中の何人が果たして自分のプロフィールに目を止めてくれるのか。彼らはクロノファージュ（時間を食べる架空の生き物）になっていく。なぜなら毎日一、二時間チャットし、メッセージに答えているからだ。論理的に言えば、一度も会ったこともない人びとと知り合いになれるのだが、事前に選択した中から、まず自分の趣味に共通の関心をもつ人を選ぶ。

写真を添付できるが、身体までは見せられない。以前は、まず容姿を見せ、体格や体質、どんな性格かも自己紹介できたので、現実的に早く選択することができたのだが、今日では親密な対話を入力し合ってから肉体的関係へと進むのが一般的だ。ウェブでは、相互に相手の呼び方も「あなた」から「きみ」、「あんた」に切り替えられ親しみを増していく。さらにチャットもプライベートな内容になっていく。若者たちはフォーラムやウェブカム（相手の顔を見ながら会話できる無料ビデオ電話）を利用し、それが苦手な高齢者たちは、直接相手と電話で話し合い、若者よりも早く現実的に出会いを果たす場合が多い。多くの者は、往信しているあいだに相手のイメージを理想化しているため、実際に会ったときほとんどが落胆したという。

いろいろな相手と出会いを重ねれば重ねるほど、出だしから親しいムードをつくるのに慣れてしまう。むだな時間を送るひまはないので合理的にいくしかない。統計によると、初対面で気が合うと大半はセックスに直行するという。出会い系サイトの目的は、恋愛の相手と出会うためではなく、ほとんどはセックスが目的なのだ。彼らはセックスハンターと言ってよく、一晩の相手と出会うことをくり返し、一夜のセックスを消費するとまた新たな獲物を探す。ある男性はブログで語っている。一年間に出会い系サイト、ミーティックで四二件の出会いを果たし、その中の二七人の女性とセックスしたという。彼のブログは本

(『ネズミと一人の男』ニック・ウィングローヴ著、未邦訳)になり、セックスハンターのテクニックとパフォーマンスを描いている。真の「出会い」を求める男性、女性たちも真の相手が見つからないため短時間のセックス・アバンチュールで我慢しているようだ。ウェブによる出会いは、一般的にセックスで始めて、そのあとに何らかの関係が生まれるかどうかだろう。エンマは離婚後の出会いを語る。

私は離婚後、二回ほどカップル生活を試みました。その後、四年間孤独な生活を送りましたが、出会い系サイトに登録してみました。最初の三カ月間はセックスだけを求めました。夢中になり毎日コネクトし、チャットしつづけ、多くの男性と出会いました。討論サイトにも参加し、恋愛やセックスについて語り合いました。私は肥満体のためコンプレックスをもっていたので、セックスよりも真面目な関係を望んでいるなどと言ったら、男たちは「それは僕には向いてない」と言って逃げていってしまうでしょう。

私はこの種の出会いにはまったく幻想など抱いていません。「女性ハンター市場」で出会うのは、むずかしい夫婦生活に終止符を打ち、再び夫婦関係の囚人にはなりたくないと思う男性、または浮気ぐせのある男性くらいです。雑誌などの掲示板に出てくる「誠実な男性」という場合、大体は結婚している男性とみればいいでしょう。私は男性にはたいして要求しません、欲しいのは性関係と優しさだけです。男性は、相手の女性が彼の私生活にさほど介入しないとわかると尊重してくれます！　私が望んでいたのは、気が合う者同士のコンビを組むことでした。

出会い系サイトへのアクセスからセックスに至るまでがあまりにも接近していることから、微妙な感情面は省略される。たやすい出会いと素早い肉体関係で終わってしまうため、恋愛感情が生まれるのに必要な、相手を理想化する時間の余裕ももてない。肉体関係のすぐあとに、とくに女性が話し合うのは、一緒に暮らすのか、子どもを持つのかといった話題が多い。男性は、将来のことを考えるのに時間をむだに費やせない。相手が見つかるまでサイトに費用と時間をかけたのだから、できるだけ早急に次の相手を見つけたいのだ。シングルのセリア（三十六歳）は、出会い系サイトの経験を語る。

出会い系サイトで最初に出会った男性にはひどく驚かされました。なぜなら出会いの場所として広場を選んだからです。今まで出会いのために女性をカフェやレストランに一、二度招待したのだがうまくいかなかったので、お金を使いたくないからだと言うのです。しみったれすぎます。

相手に何を求めるのだろうか。もちろん恋するための出会いだろう。そしてある社会的レベルと、プラスアルファのセックステクニックか。「アムール」という言葉には、種々の形の「愛」が含まれており、情熱的恋愛、相思相愛、フリーラブ……。はっきり言えることは、「静かな家庭的幸せ」などは衰退過程にあることだ。多くの者は「ク・ド・フードル（電撃的恋愛）」を夢見ているのだが、もちろんセックスの相手として惚れる。一組のカップルがうまくいくには、満足できるセックスが必要なのは言うまでもないが、互いの信頼と豊かな対話、共通の関心を分かち合えるかにかかっている。

自分から与えることなく、ただ愛したい欲求を充たすだけでは長続きしないだろう。最初に夢見たことが得られず落胆させられるはずだ。希望したようにうまくいかなければ、また別の相手を探せばいいのであって、別に問題にする必要もない。とくに男たちは際限なく肉欲を満たしてくれる「オブジェ」から「オブジェ」へと飛び回る。しかし、サイトに出てくるシングルの要求レベルが高くなればなるほど、結局誰も見つからなくなる。とくに女性は「スーパーマン」に似た理想の男性を諦めようとはせず、「探すのですが、私が望むタイプの男性が見つからないのです」、または「私は魅力的じゃないんだわ。ブスだし……」と自分の欠点をこぼす。これらの女性たちはある男性に出会うと、ほっとし、それ以上探す必要はないと安心してしまう。そのあとに相手のほうが彼女に飽きてしまう可能性もあるので安心してしまってはいけない。今まで以上に余裕をもって、魅惑的でありつづけなくてはならない。最近離婚したばかりのカトリーヌ（六十二歳）は、自分の体験を語る。

出会い系サイトに登録したのですが、すぐにがっかりしました。なぜならサイトに登場するのは、ほとんどがデブッチョか背の小さい男性か醜男《ぶおとこ》、またはすごく若い男性しかいないのです。皆チャットしたがっているのですが、何も得られないこのようなおしゃべりで時間をつぶしたくはありません。私に合いそうな男性にメッセージを送るのですが、一人も私のエサに引っかかりません。もっとユーザーからのコンタクトを得るには、今まで以上に積極的でなくてはならないのかもしれません。でも私はボーイハントや誘惑したりすることなどできません。どうしても、というほど異性を欲する貧血状態にはなっていません。

カウセリングに来る患者のなかには、誰にも出会えないことを嘆く者もいる。過去のトラウマにしばられ、新しい相手と接する気持ちの余裕もなく、自分のナルシズムにしばられ、同じところをグルグル廻りつづけている。新しい相手と出会いたいなら、自分の生活に余裕をもち、過去を葬り、別居や離婚といった過去の頁をめくり、両親からも乳離れすることである。

ある意味で、モーツァルトの歌劇『ドン・ジョヴァンニ』（好色の貴族ドン・ジョヴァンニ＝ドン・ファンが地獄に落ちるまでを描く）のプロフィールこそ、現代の男たちに当てはまるのである。ヨーロッパの魅惑的な一〇〇三人の女性のリストを挙げるまでもなく、いまや世界中で瞬時の出会いを求め合うサイトがひしめいている。

## 使い捨てパートナー

人びとは、あるサイトに登録するや現実離れしたバーチャルな存在になり、じきに新しいバーチャル会話に順応してしまう。瞬間的に入力することで自分の空白を埋められるからだ。関係がつづかないと、相手が自分の期待していたタイプではなかった、満足を得られなかった、と相手のせいにしてしまう。

この種の出会いで危険なのは、今日の傾向である実用性と移ろいやすさがますます強まり、相手を完全に道具扱いし、オブジェのように役に立つあいだは利用し、魅力がなくなり、役を果たさなくなれば捨てるというふうになる。一人の女性患者は、出会い系サイトで知り合った男性と初めて会ったとき、彼が「すみません、あなたは僕が望んでいたタイプとは違いました！　さようなら」と言って去っていかれたことに非常に屈辱を受けたと言う。
うまくいかなかったときは相手を交換すればいい。パソコンやモバイル、スマホでクリックするだけで何百、何千の希望者が連なり、愛の言葉を入力し合い、どんな幻想にも応えてくれる男性や女性が見つかる。次の出会いは「絶対うまくいく」と思いながらも、関係を織りなすようになる以前に早々と手を切り、別の相手と新たにやりなおしたい気持ちになりやすい。バーチャル関係に終止符を打つのは非常に簡単だ。「シャットダウン」するだけでいいのだから。二人の関係をつくる努力をしなくなっているのは、あまりにも困難が多いからだろう。エミリー（三十一歳）は述懐する。

男性に出会うたびに、私は、相手が自分の望むタイプではないと思うや別れてしまいます。そして二人でできるはずだったことを思い返したりして後悔するのです。

出会いのモードとして、第一の選択条件は、男性なら背が高く、高給取りで、自由業。女性なら、あまり背が高くなく、ブロンドで、洗練された人……。しかしこれらの長所は無意識下の希望を隠すためと言える。二〇〇五年以来、出会い系サイトの老舗 Meetic やドイツ・フランスで人気のある eDarling などは四十五歳から五十五歳の「シニア」を対象とし、事前に簡単な心理テストを行ない、性格の適応度をはかるための事前選択を実施している。が、それによる効果は逆とも言える。なぜなら意識的に希望するものと、無意識下で望んでいるものとのあいだにギャップが生じるからだ。
ウェブによりその傾向はさらに強まる。相手との関係は、プロフィールの情報ファイルを基にした主観性を省いた選択によって始まる。なかには一人の相手と関係を保ちながら、数年にわたって出会いのラブサイトに登録しつづける者もいる。たしかに一人の相手と落ちつくことは、もっと素晴らしい出会いへの扉を閉じることでもある。危険なのは、ラブサイトの消費癖がつくと、ひとつの関係を維持することができなくなることだ。真の恋愛関係は危険をともなうのであり、成功する保証もなく、無償の努力を必要とするということを、多くの人が忘れてしまっている。人はよく「誰かいい人を見つけなくては！」と言う。しかしながら、素晴らしい出会いを実現するには、まず愛情にそそぐだけの心の余裕が必要であり、愛情は注文して今日明日に手に入るものではない。

長期のカップル生活を築くには、それ相当の努力がいる。熱い恋愛時期が落ちつくと、互いに批判の目が芽生えてくる。相手を利用するだけだと、じきに双方に引っかかる点が生まれ、最後には別れにつながる。または自分自身にたいしてもそれほどエゴイストでなければ、互いに分かち合う価値観、または共通の活動やプロジェクトによって二人の関係を深められる。カップル生活は習慣でもあり、二人で肌を合わせて、皮膚の暖かさを感じ取ることだ。それは何でもないことではなく、翌日に励みを与えてくれる何かなのだ。シャンソン歌手レオ・フェレが言っていたように、朝の一言、「あんた（きみ）よく眠れた？」が庶民の心のこもる言葉なのだ。

相手と会うためには、自分を守ることを止めて、自分の欠点を見られるのを恐れないこと、助けや慰めを欲しているように見せないこと、自分がもっている自信、とくに自分が何を求めているかなどは忘れることが必要だ。そして恋のサプライズを受け入れること。「恋に落ちる」と言うではないか。そのとおり、恋にはサプライズがあり、予期してなかったことが起きる。しかし、しばしば私たちは、そうなる前に幻想やお金を失うのではないか、断られるのではないかと不安になり、結局は理性的な面を見せようとして、びくびくなどしていないと突っ張りがちだ。

脈がありそうな出会いを重ねるほど自分が見えなくなる。ジャン・ビュリダン（一二九五〜一三五八年、フランス人哲学者。『ビュリダンのロバ』は彼の思考実験）の「ロバ」のように思考が麻痺し、選べなくなる。ある者は選ぶのに疲れ、意識的に止めようと思う。出会い系サイトのパラドックスはここにある。出会いを容易にするのが目的なのに、最後は引きこもりたくなる。そして一人でいるためにスマホかアイホンを手に握ったまま外部からも遠ざかり、夜な夜なチャットしつづけるようになる。

## 厳格なセレクション

出会い系サイトでは一般的にロマンチックな恋愛句を入力し合い、ウェブをしきりに操作するユーザーの入力文にも恋に関すものが多い。この種の内容とは関係なく、パートナー探しの掲示板のほとんどが実利的であり、合理的なのである。職業上の困難を抱えているある男性が、女性との出会いを求めているが、まず相手が高所得者であり、経済的にも彼が困窮から抜け出られるよう助けてくれる女性を探している。

私は男女の強烈な結びつきを望んでいます。過去の生活がくだらなく思えるほど、これから私たちを包み込む幸せの大波に向かっていけるような、究極の幸せを得たいのです。寝食も忘れて、パートナーとなれる女性を愛したいのです。

実際に求めているのは、かつての結婚のように理性的な結びつきでありながら、どこまでも大恋愛的な出会いでなければならない。なぜなら理性的な結合は、混乱した現実を忘れさせてくれるほどの情熱的恋愛の夢からはほど遠いのだが、プランニングされた人生のお膳立てのように見える。また事前選択の基準が臆面もなく、理性的であり利便性を求めている。友情や愛を求めるよりも、実用性と社会的レベルのほうを求めている。たとえば、良いポストにある四十歳の女性は、彼女の社会的地位より下回る男性を求め、何よりも彼女に子どもを産ませてくれる相手を必要としている。求められるのは、同じ社会環境で、通じ合える教養レベル、プラスアルファの趣味、目的としてレジャー、スポーツなどがあげられ、週末に一緒に楽しめるイベントや映画、観劇などだ。

お金には替えられない愛情を信じたいところだが、どんな関係にもギブ・アンド・テイクの条件がともなう。何よりもまず愛情が第一と思っていても、女は家庭に、男は家庭の保護者といった物々交換から逃れられないでいる。しかし、今日ではこの習慣も変わり、女性は自分の城である家庭を守らねばならない義務はなく、現実的に男性ももはや保護者である必要はないのである。

したがって出会い相手の事前選択は、採用試験の面接前にされる書類選考から始まる。ある者は非常に冷静に選択するという。「採用のときと同じ方法をとらざるをえないの！」とあるキャリア女性は言う。まず市場状況を調べ、ユーザーとして投資した分を有効に使わなければならない。なぜならほとんどのサイトへの男性ユーザーのアクセスは有料であるからだ。したがって一分間に自分の条件に合う人とできるだけ多く出会う必要がある。ロラン（四十五歳）は、出会い系サイトに次の短い文を入力している。

あなたは仕事でたいへん忙しそうですが、カップルになるためにすこしの時間を割いてくれるよう願っています。

その意を解するなら、「仕事から手を離せないのなら、関係をもつ必要はないのです！」ということだろう。職業生活と同様に、大きなプレッシャーがかかっているため、交換可能な規格品のように絶えず自分を売り物にしなくてはならない。一点ものとしてではなく、商品として人目を引くプレゼンテーションと、魅惑的なパッケージによって買い手の気持ちを捉えなければならない。さらにきびしいキャスティングによって、鋭い消費者としての鑑定眼をもって、新しい相手の資質や欠点をも探り当てなければならない。レア（三十四歳）は離婚し、二人の子どもを持つコンピュータ技師。

ウェブサイトで探そうと思ったのですが、始める前から勇気を失ってしまいました。あまりにも競争が烈しく、他の女性ではなく、私が選ばれるのはむずかしいと思ったのです。一時的に遊ぶ気持ちでやってみましたが、うんざりしました。現在たいへん注意力を要する仕事や、家では子どもがむずかしい時期にあり、サイトでは自分を理想的な女性として見せなくてはならないなど、すべての戦線で闘いつづけることは不可能です。

ダイナミックな印象を与えるために、入力文のところどころに感嘆符を入れることによって、感動を交えることもできる。離婚し子どもの親権をもつ男性は、はっきりと子どもの面倒をみてくれる女性を求める。「最近離婚しました。子育てはなかなかむずかしく、どなたか助けてくれますか？」。ここでは志願者の特徴はあまり問題にはならない。四十歳以下の女性の大群の中には、すでに子持ちの女性サブグループがおり、もうひとつは子どもを産みたい女性グループがいる。ブリュンヌ（褐色の髪）、ブロンド組……。この男性はこれらのうちのどの女性を選ぶのだろうか。最初の女性を選ぶのが一番簡単だ。こういうときに選ばれるためには、度々サイトにアクセスし、チャットをくり返す必要がある。職探しはフルタイムでするのと同様に、パートナーハントにも時間がかかる。ある者は砂の中から貴重な真珠を見つけ出すために、常時ウェブにコネクトしたままでいる。二年前に離婚したディアーヌ（三十二歳）のように。

私は仕事と三人の子どもの教育にもまれ、疲れきっています。狭い住居に住みながら経済的にやりくりするのに、とてもフラストレーションと疲れを感じています。したがって、何よりも新しい相手の職業と社会的位置を重視している出会い系サイトでジャックと出会いました。彼はあまり刺激的な男性とは言えませんが、高給取りなので生活を改善させ、私の仕事を減らすこともできるかもしれません。

伝統的な家庭のイメージは根強く残っている。女性は常に男らしい、がっしりした、自分より優秀な男性を望む。彼女らは批判しながらも家父長主義を守る。最後には落胆するのだが。カウンセラーのクロエ（四十歳）が語るように。

出会い系サイトはうまくいくかもしれませんけれど、私には合いません。私はこのような出会いに非常に批判的です。私を夢見させてくれる男性をと、幻想を抱いていましたが、今は男性全体、そして私自身にたいしても幻想を失いました。自分にたいしても、他人にたいしても、幻想を抱くことができなくなったのです。男性たちはあまりにもダイレクトすぎます。「僕の家に来てください。私用飛行機でトゥレーヌ地方にある別荘に行けます。広い庭園もあります」などと言って誘います。彼の田舎の別荘や出世の自慢話にはまったく興味ありません。私をあるがまま受け入れてくれる一人の男性を求めているのです。

一方、男性は自分が求める女性の肉体的特徴を、出会い系サイトに精確に入力する。

ブラックでもメティス（混血）でも特徴の強い、丸みのある、柔らかみのある肉体の女性を探しています。

男性の大半は自分よりかなり年下の、たとえば五十六歳の男性は三十歳以下の女性を求める。定年近い男性は、新たな家庭をもちたいので、四十歳以下で、伝統的タイプの女性の長所をそなえている女性を探す。アントワーヌ（五十二歳）の場合を追ってみよう。

私は、不安神経症のため主治医に診てもらったところ、心身機能に障害があることがわかりました。コンピュータ・サービス会社の幹部でしたが、四年前に解雇されました。再就職先を探しましたが見つからず、コンサルタント会社を立ち上げましたが、それもうまくいかず、自分の給与も出ない状況にあります。

今はひまがありすぎるので、数種の出会い系サイトに登録しました。五年前に離婚しており、できれば一緒に歩んでくれる女性に出会いたかったのです。四年間に二百人以上の女性と出会いましたが、私に合う女性には出会えませんでした。候補者たちは以前のような女性的な人は少なくなりました。ウェブサイトに出てくる女性の九割が女性的ではなく、他の女性はわがままで、要求が高すぎます。女性的ということはどういうことかと言いますと、私の先妻のように、人前に出るときは必ず化粧をし、髪をセットし、アクセサリーをつけ、家の中でもハイヒールをはく女性です。

出会う女性たちが私の希望する条件に合わなくても、挑戦を諦めません。十人のうち一人くらいは最初の夜はうまくいきます。しかし、ほとんどが長続きしません。一、二回、数カ月つづいたのですが、最後の女性はあまりにも強権的で、日常の些細なことにも気むずかしすぎ、結局彼女のほうが浮気をしたので別れました。四年間の女性探しが実を結ばず、私は相変わらずシングルです。

## 求めすぎと行きづまり

アムールハントは楽しいこともあるが、めったにそうとはかぎらない。各々が自分の長所をサイトに入力して売り込もうとする。明るい性格で魅力的であろうとし、ウェブでパートナーを探すのはいいのだが、最後にはやりきれない気持ちにさせられる。このむだな苦労を省くため、ある男性は単刀直入に斬り込む。「三カ月前に前の彼女と別れたので、これから十二カ月以内に新しい女性を見つけようと思います！」。

出会い系サイトで恋人探しをするには、ひまな時間がないとか、遊ぶ時間ももてない職場で働いているとか、いかにもバリバリのエリート社員らしい言い訳のヨロイを着るものだ。このような突っ張り文には誰も寄りつかないのだが、相手が看板にする地位などよりは、子供時代のちょっとした思い出や相手の感情の琴線にふれるような少々センチメンタルな言葉によって一挙に接近しやすくなるものだ。心をオープンにする必要があるのだが、じきに行きづまりとなる場合が多い。カトリーヌ（六十二歳）が語るように。

一人になってから、夫婦でいたときにはやる気もなかったことがたくさん出てきます。友人たちのアドバイスで、私も出会い系サイトに登録しました。いつもSMSに答えるとはかぎりません。怖いのです。プティ・プランス（星の王子様）も言っていたように、関係をもつということはほんとうにむずかしいのです。自分にはできそうもありません。後日メールで答えますと伝えておいて、家の修理が終わったときにとか、孫たちが帰ってから……というようなメールを送ります。でもこれらの問題が済んだときには、私は歳を取りすぎているのです！

若者のあいだなら、「楽しく過ごすための相手を求む、友人になれる出会いを、それが恋愛になってもおかしくないでしょう」といった入力文が、オープンな掲示板に行き交う。彼らは「真面目です」と明記しながらも、約束らしきことはいっさいしない。こうしたウェブサイトも三十年経った今日、それぞれの入力文も明確になったのだが、自分が何であるかを明示するかわりに、どんな相手を求めているのかは明確にしない傾向にある。五十歳以上のユーザーは、希望条件の裏に隠されていることを警戒するようになっている。生活を分かち合う相手を探すのではなく、楽しいひとときを送るための相手を求めている。共通のプロジェクトとは、とくにレジャーやバカンス、週末に関するものばかりだ。日常生活にはまったく関心がない。ユーザーのなかには、レジャーグループのサイトに登録する者もいる。ゴルフ二五〇（ゴルフサイトはすでに二五〇あることを意味する）という偽名で登録したある男性は、ゴルフをたしなむ女性だけにコンタクトしている。彼女らがもっている趣味には全く関心をもたない。

だが行きづまりのひとつになるのは、外見である。実生活と同様にウェブでも外見こそが成功の第一要因になるのだ。男性ならハンサム、女性なら美女までいかなくても、少なくとも人好きがよく、幸せそうで、快活な仕事ぶり、子どもがいるなら問題のない子。同時に健康で、痩身でも痩せすぎでもない、ノースモーカー、アルコールは適度、スポーツ好き。しかし、美貌や健康の明示は、ウェブでも社会的差別となり、孤独の中にある者にさらなる差別を課すことになる。

美貌と健康は、ある者にとって、相手を探すうえでひとつの障害になり得る。「私（僕）は美貌も健康も良くないので、誰も欲してくれない！」と行きづまる。自分に充分魅力がないのだと自覚していながらもこのユーザーは、相手として選ぶ条件を諦めることはしない。選ぶ相手の長所・短所を観察し、鏡に自分を映しながら「自分は相手の期待するレベルにあるのだろうか」と自問せずにはいられない。

このような行きづまりは、出会い系サイトで成功しなかったフラストレーションとして感じられるのが一般的であり、成功例は稀であることを示している。めずらしく「成功した」というソーニア（四十五歳）の例をあげてみよう。

私は離婚一年後、二人の子どもをもち、一人でいるのにうんざりし、出会い系サイトに登録しました。絶えず不安感をもっていましたので、掲示板に、「安定していて、暖かみで包んでくれる男性を望む」と入力しました。自分の望んでいる男性のタイプは、はっきりしていますので、その基準に合わなければチャットを続けようとしました。相手に時間的余裕がなければ、相手の都合に合わせる必要はないと思ったのです。

ティエリーに出会ったとき、すぐに自分の夢を語りました。「家から出る必要もない、静かな生活を送りたい」と述べました。良い組み合わせでした。なぜなら彼は自宅で働ける自由業者でしたから。家事から家のすべてを仕切ってくれる女性となら、彼は好きな仕事をして高収入を得、安全で快適な生活を保証してくれると言うのです。私が夢見たこともある情熱的恋愛はできませんでしたが、安定した愛情をもって経済的にも安心して暮らせるのです。

ウェブによる出会いが一般化したものの、それを利用するのは、孤独に突き合わされた人たちのほんの一部にすぎない。他の多くの人びとは――けっこう簡単に――人間関係をもつために新しい方法を考え出している。

III

# 新しい孤独

# 10　解放されること

「私は気泡でしかありません、希望も、欲望もありません」

エリザベート

頻繁《ひんぱん》にカウンセリングに来る患者たちのなかには、感動を覚えられなくなったという人が増えている。親密な関係を結ぶと悩みが増えるのではないか、相手に頼るようになるのではないかと恐れ、そうならないために表面的な付き合いのままでいて、感情がからまる関係になることから自分を守ろうとする。豊かで濃密な関係をあまり信じないながらも夢見がちな女性たちは、多少の距離を置きながら無関心さを装おうとするのだが、あまりにも平面的で面白みのない二人の関係のなかで、自分が何なのかわからなくなってしまう場合もある。コンピュータ技師のマチュー（三十九歳）は語る。

いつも親しい友人たちが話すことには、僕は興味がないのです。まったく知らない、できれば外国語で話す人と別の世界のことを話したいのです。

## 失恋の悲しみを避けるために欲望を遠ざける

これらの患者たちは、感動できなくなっていることをこぼす。彼らのなかには感動を覚えるために過激な体験、たとえばスピード狂、危険をともなうスポーツ、ハードミュージック、アルコール、麻薬などに身をゆだねる者もいる。それらは同時に、恋人探しや自分を自覚することを避けるための遮断幕の役を果たしてくれる。セバスチャン（五十二歳）は、先に逃げをうつことに慣れてしまった失敗談を語る。

私は若かった頃、オルガスムに似た欲動を覚えるために危険な状況に身を置くことを求めたものです。相当なストレスを感じていないと、何も感じなくなったのです。今は性ホルモンを使いきったように感じられます。まるで私の感覚は起伏のない平坦なものになってしまいました。感情がまったくなくなり、すべての面で鈍感になってしまいました。たとえば怒りも感じなくなり、かなり烈しい議論も途中で身を引き、相手の言うままにうやむやにしたまま、結局は相手に軍配が上がってしまいます。長いものに巻かれるとか私の弱さとかではなく、すべてに興味を失ってしまったのです。まず考えるということに耐えられないのです。これから自分がやるべきことや、してはいけないことなどを自分に言い聞かせたくもないのです。

根本的に何ごとからも手を引き、誰もが不信感を抱くようになると、情け容赦のない社会のなかで、すべてを警戒しなくてはならない。人びとは自分の殻に閉じこもりたくなる。また職場であまり自己顕示欲が強すぎると、それが反動となって返ってくる。家庭で夫婦関係の危機にあるとき、パートナーの意外な攻撃が自分の弱点を狙い撃ちするかもしれない。司法官であるリシャール（五十一歳）は、それに似た状況を体験した。

私は離婚劇の麻酔をかけられたように、感情面で無感覚になっており、新たに恋愛できるようになれるかわかりません。家族の分裂と、両親、子どもが一体でいられるカイコのような暖かい理想的な家庭の崩壊が耐えられなかったのです。とくに離婚をめぐる凄惨な訴訟は、偽りの証言によって、私に高額の養育費を払わせるための策謀でしかありません。妻は子どもたちを引き取りたくなかったのに……。結局私が子どもたちを引き取ることになり、学校への送り迎えから、クラブ活動、それに仕事です。あまりにも荷が重すぎます。

職場での烈しい競争を生きながら、カップル生活も家庭生活をも拒み、孤独な生活を選ぶのは、共同生活のなかでの嫉妬やいざこざに関わりたくないからである。この点をアニック（五十二歳）は認める。

今は一人で暮らすのがいいです。男性と共に暮らすたびに、私が仕事で夜遅く帰ったりすると、相手は不機嫌になり、それについての言い争いがなくても、家の中の雰囲気でわかります。パートナーが頻繁に腕時計を見ていたり、私も同じことをしていたかもしれません。そういうとき、最初の夫はいつも険悪になり、私は彼を待たせたことに罪悪感を感じたものです。今は一人で暮らしているので、静かにオフィスで自分のやるべきことができます。

最初のカップル生活でパートナーに欺かれた経験のある女性は、また欺かれるのではないかと恐れ、誰かと落ちつくことを避けるようになる。女性が、すべての男性は浮気をすると思い込むのは、彼の最初の不倫に深く苦しめられたためであり、その苦しみを再び味わいたくないと思うからだ。ますます多くなっている悩める患者のなかには、数回にわたり私生活の破綻を重ね、誰も信じられなくなり、新しい関係やカップル生活の計画も拒むようになる。私生活への幻滅を拭いきれないのである。保険会社の幹部ピエール（五十八歳）は、離婚したあと付き合っている女性がいるが、それほど興味をもてないでいる。

私は職業的にも徐々に死に向かっているのがわかるのです。五十歳になると、ある者は実生活から離れるか、もしくは職場にしがみつきます。私は働くことより、田舎の家にいたい気持ちです。こう思うのは私だけではありません。週三十五時間制になって以来、働く意欲を失った者が多く、金曜日の午後、会社に残っている者は一人もいません。個人生活もいいとはかぎりません。私の歳では性欲もないにひとしく、恋愛関係とか情熱的大恋愛とかに挑むには、もう歳を取り過ぎたと思います。バカンスは女友だちよりも男友だちと過ごしたほうがいいです。以前より静かな、もうひとつの人生を送り始めた感じです。

たしかに生きていくだけでもきびしいこの世の中で、恋愛関係をもつのはさらにむずかしくなり、それを抜きに暮らしたほうが簡単なのだ。日常の心配ごとや、複合家族の場合なら、相手の連れ子との共同生活、相手の先妻や離婚した夫の消えることのない存在、お金の問題も加わる。居心地のよい殻に閉じこもって、昔から気の合う仲間とだけ付き合い、情熱とか性欲などの悩みなどを退けて暮らしたい。反対にさらに欲求を満たそうとすれば、自分自身を見失ってしまう恐れもある。アニックの場合がそうである。

私が新しい関係を結ばないというのは、また捨てられたくないからです。そのため、これからは一人で暮らすのが、私が選んだ道なのです。

しかしながら、彼女たちの、絶対的な愛情を求める夢は消えていない。とくに中年過ぎの女性たちは、理想的な相手を探そうとするのだが、男性を誘ったりする努力もしなくなり、失敗を重ねることになる。実際に男性に接したり、男性が近づきやすい感じのよい女性になるための「改善の努力」をしなくなる。女性は「美しいというだけでは十分ではない。人の気に入らなければならない。聡明であるというだけではたりない。事実そうであると認められることが必要である」と、ジャン＝ジャック・ルソーは『エミール』における女子教育論」（小沼和／佐藤良吉訳、調布学園短期大学紀要掲載論文）の中で書いているが、今日の女性には当てはまらないだろう。ローランス（五十六歳）のケースを追ってみよう。彼女は不動産代理店従業員。離婚し、二人の子供をもつ。

私の私生活は防犯ドアのようにびくともしません。エゴイストで専制的になったと思いますが、何にも感動しなくなり、生活の中に男性はもう欲していませんし、彼らも私には目もくれません。感じのいい男性に秋波を送ることもしませんし、皆とも距離を置いています。努力すべきなのですが、たとえば、すこし痩せるとか、でも相手がいないのです。中年に入っていますので、好きなものも食べられなくなることは悲しいことです！

オフィスでは、私は客にたいして活動的でダイナミックなのですが、夜帰宅すると、自宅で暖かくじっとしていたいのです。小さいろうそくを灯し、自分のために祝うのです。今は一人ですが、離婚した夫のようにイヤな男と暮らすために、今の生活を変えたくはありません。私は日常の泥土の中を這いつくばっています。外の世界もさほど楽しそうには思えません。私の年齢の人びとは、胸を弾ませるようなお祭気分にはなれないのです。時間があるときは、私のようにたくさんの心配ごとを抱えている友人たちと夕食を一緒にするくらいです。

たしかに便宜的な付き合いだけで間に合わせ、必要なときだけ友人と出会う人が増えている。用がなくなればその人との関係も希薄になるような付き合い。人とのやり取りもなくすため、自分の特徴も消し去り、相手に関係の糸口もつかませないようになる。どんな関係なのかうやむやなまま、持続するという保証もない関係に惑わされてきたのだが、一人で暮らしていればこのようなこともなくなる。孤独を選ぶことは、誰にも頼らずに、またカップル生活に失敗することもなく、誰の意見も聞く必要もなく、悠々と暮らすことなのだ。それはエレーヌ（三十九歳）が選んだ道だった。

人間はどんなことにも慣れてしまいます。長いあいだ性関係を持たないでいると、性欲も薄らぎ、完全になくなってしまうものです。しかし、そこに一人の男性が現われるとします――でもどうして彼？――彼に近づきたい、彼が私に興味をもって欲しい。彼は私に関心がある。なぜ？　私が彼に接したいと思っているから？　でも彼は忙しい人です。仕事や子どもの世話、他の心配ごとなど、いろいろな理由を並べます。私のほうが彼のために時間をやりくりし、彼を待つようになりました。たいした会話を交わすこともなく、何回かのキス、優しい言葉、何度かの愛撫……私は罠に掛かったのです。すでに静まっていたと思っていた欲求が急に頭をもたげたのです。よく寝られず、寝返りを打ち、気がうつろになり、すべてが変わってしまいました。一言でいえば、私は彼に恋してしまったのです。でも恋の情熱の裏には、彼の不在からくるフラストレーションが隠れていました。ここで、私が深い恋愛関係に落ちるのを避けていたのは、相手がいなくなる苦しみを味わいたくなかったからだと、自分で気がつくのです。

同様に何人かの女性は、苦しかったカップル関係から抜け出られたのだが、新たな苦しみを味わうことを恐れるようになる。「もう絶対にくり返したくない」と、人事部長のマルタ（五十六歳）はもらす。

一度結婚に失敗したあと、また誰かと暮らせるとは思いません。最初の夫はひどくきびしかったのですが、殴ることはしませんでした。でもいつも私を蔑視し、私の体型をけなし、私は快感をそそる女ではないとけなしていました。あとで知ったのですが、大分前から私を裏切り、欺いていたのです。そのため彼と別れました。今は立ち直りましたが、もう「恋愛関係」などというものは信じません。

それ以来、仕事に打ち込み、私の実力も認められるようになりました。子どもを育てながら、余暇は友人と会ったり、スポーツをしたり、旅行も楽しんでいます。一人で暮らし始めてからもう十年になります。何人かの男性と付き合いましたが、数カ月後には別れました。男の人たちはエゴイストだと思います。彼らが期待するタイプに当てはまらなくてはならないのです。私がまた恋をすると思いますか？　おそらくしないでしょう。怖いのです。別の分野でなら自信があるのですが、恋愛には自信がありません。

## 相手を求めるより、自分自身でありたい欲求

誰かと関係を結ぶことへの恐れは、自分自身と相手にたいする二重の弱さからきている。誰かがまだ自分を愛してくれるのだろうか？　自分は生涯、誰かを愛することができるのだろうか？　新しい相手は自分を愛しつづけてくれるのだろうか？　持続することの保証はないのだから、愛情関係は不安定なものでしかない。ある者は愛情関係から逃避し、すべての親密な関係をも断ち切り、シングルライフを選ぶようになる。教員であるエリザベート（四十九歳）は離婚し、子供はいない。

若い頃は、絶えず男性の気を惹くことに努め、自分のイメージが彼の目にどう映っているかに気を遣っていました。それがうまくいき、いつも興奮していました。一人の男性が私を待っているという状態のときにしか、自分が存在している感じがしなかったのです。でもある日、ドレスをハンガーにかけたままにしておくように、その欲求が私から離れたのです。もうおしまい、もう男性を誘うようなことはしまい。男性に気に入られようとは思わないし、関心もありません。パートナーを欲しいとも思いません。ウェブには「ひまがありません」というメッセージを送らなければなりません。男性たちの視線は、以前私に向けていたのとは違います。

今の生活はすべての面で充実しています。性関係は好きなときに、以前の恋人たちが付き合ってくれるし、彼らとは優しい関係にあります。知的な関心をもち、好きな仕事をしながら、でも恋愛関係はもちません。夜帰宅し、ドアを閉め、一人になり、ベッドで本を読むのが最高です。性欲はなく、欠乏感も感じません。ときどき昔の恋人とセックスしますが、それほど必要としていません。なぜならもう欲求はなく、相手の欲望の対象にもなりたくないのです。

概して、私は何かを望む状態にはないのです。今まで多くのことをし、欲しいものを得、今は職場でも、社会的にも、恋愛関係でも、何時までにしなければならないという期限もないし、誰にも言い訳などする必要もないのです。しなければならないことをしていますが、きらめくようなものは何もないのです。一種の無関心でしょうか、人との出会いにたいしても同じです。それはそれでかまわないのですが、まるで気泡のように望みも欲望もないのです。社会や仕事、恋愛関係への幻想も失いました。私は、何をしても無駄だと思う「諦観主義者」になったのです。

誰か――好きな人でも――家に来るのが嫌なのです。侵入者のように感じられるのです。私だけの空間に、誰かに侵入されるのが嫌なのです。「無関心」病とも言えるこの状態はどこまで進むのでしょうか?

誤った理由により孤独を選ぶ場合もある。失敗を消し去るために親密な関係をも断ち切るからだ。孤独を選ぶことは、エゴイスト的手段であると同時に依存的生活を避ける手段でもあるのだが、個人個人の要求が高いこの時代に、人間関係に付随する困難や欠陥をもすべて断ち切ることは簡単だ。作家クリスチャン(六十二歳)は、彼の選択を正当化する。

制作するためには一人でいなければなりません。愛している者からも自分を隔離し、すべてを「無」にし、完全な自由のなかで仕事をし、創作してきました。この環境がうやむやなときや、愛している人がそばにいるとなると、創作のアイデアも去っていってしまうのです。

自分探しは、最初は愛に始まり、二人の生活に失敗すると、孤独へとつながる。パートナーを探すことを諦めた女性の孤独の寂しさよりも、これから出会える男性を待つ、そのあいだの孤独の寂しさのほうが深いのである。クリスチーヌ(四十九歳)は、彼女が孤独を選んだ理由を語る。

愛情は力関係でしかないのです。私はそれが嫌なのです。いつまで相手を引きつけておけるか、どちらがどちらを支配できるのか、相手の心情につけこむような関係や、捨て去られるのではないかという恐れなど。時どき性関係を欲することもありますが、一人でいる空間と孤独と平和が欲しいのです。女友だちとの平穏な友情のなかで、笑いとばしたり、議論したり、意見交換したりするほうがいいのです。

彼女の望みは、すべての欲望の火を消して、待つこともせず、精神的平安、もしくは安静の幸せを求めて、何にも執着せず、心の平穏を乱しかねない情熱からも遠ざかることなのだろう。人は時として仕事やカップル生活、他の関係との断絶などによる失望の反動として、すべてから離れたいという気持ちになる。するとまったく異なる方向に触手が向くようになる。もう何も失うものはないのだから、外見や協調性なども捨ててしまえる。自分自身でありたい欲求が強まり、沈黙のなかに自らの姿を見いだすのである。ある企業の財政部長だったフロラン（四十四歳）は語る。

現在は失業中です。性格の烈しい妻との心苦しい離婚のあと、私の深い願望を叶えてくれる新しいライフスタイルを実現するためパリを離れ、田舎に落ちつくことにしました。私は自分を非社交的であり、内向的だと思います。今は考え、読書をし、書くために一人でいる必要があります。私が表面面な関係を拒むのは、本質的な人間関係を必要としているからです。私と同じような状況にある人びととの会話の九〇％はまったく面白くなく、あってもちょっとした小話程度なので、退屈極まりません。

孤独を好む性格は、子供時代の親との対話不足からきていると思います。父親は寡黙で、アルジェリア戦争による精神的トラウマを抱えていました。家庭では、食卓で会話も交わされず、気まずい沈黙を避けるためにテレビがつけられたままでした。私が生活を変えることは、リスクがないわけではなく、勇気が必要であることも心得ていますが、私にとっては根本的問題なのです。なぜなら「自分を見出し」、やっと自分自身になれるからです。

## 苦しみをともなう社会から遠のく

現代人のあいだには、ごった返す都会生活や、他人がおよぼす迷惑に耐えられなくなっている人が多い。生活の質の高さは、静けさや自立、親密さで測られる。経済的余裕があるなら、多くの者は、都会から離れて一戸建ての、できれば庭付きの家で暮らしたいと思っている。どんなに通勤時間がかかっても。同様に、カップルにおいてもそれぞれ固有の空間をもつために、できれば別々の寝室をもちたいと望むようになる。

昔から敷かれた家父長的環境の変革後、現代社会は個人の自由をもたらしたものの、自由が与えるすべての可能性に向かっていくだけの基盤が充分に確立していないと、自由そのものが脅威になりかねない。感情的接触を避けようとするのは、失敗した個人体験のためだけではなく、相手の要求が高すぎ、最後には自分の弱さがあらわになるのを恐れるあまり関係をもつのを避けたいという、切迫した内面的衝動を感じずにはいられないからである。そして自分の欲求は恋愛関係では充たされないことを知っているので、人間的接触まで避けることを望むようになる。その面でフロランはラディカルだ。

僕は「無」になりたいのです。外部の被いをすべてはぎ取り、誰にも取っ掛かりを与えず、自分自身の内面だけに集中したいのです。灯台守になりたかったほどです。くだらないことや無意味なことに気を取られず、読書をし、考え、海を眺め、自分の心を見失わせるような興味半分の罠には陥りたくないのです。

たしかに今日、私たちは自由を満喫しているのだが、その反面、壊れやすく、孤独である。私たちは男女とも、個人を疎外していた家父長的環境から解き放たれたものの、放り出されたところは、消費と競争が支配する過酷な社会だった。そこから逃れることはむずかしい。ドイツの社会学者フェルディナント・テンニース（一八五五〜一九三六年。共同体における「ゲマインシャフト」と「ゲゼルシャフト」の社会進化論を提唱）は、一八八七年に未来社会は経済的には効率的だが、心理的には気のめいる社会になるだろうと予言していた。つまり昔から引き継がれてきた血縁関係による個人的関係や、愛情、尊敬、不安などが、現代社会では契約と利益にむすびつく合理的関係にとって代わられたからである。

能力社会がますます個人の運命に影響を与えれば与えるほど、「したところでどうなる？」と、ますます諦めの気持ちを持たせるようになる。その結果、すべての欲望を失い、一種の絶望に導いていく。臨時雇いのグラフィックデザイナーのトマ（二十八歳）は、その点をはっきりと指摘する。

僕は、個人的感情の入り込めないシステムにはまってしまったのです。まるでロボットになったように、仕事のあと家に帰り、すこし食事をする……というように。遊びに出るお金もないので、同僚たちも僕を誘いません。誰にも会いたくないし、性欲も感じないし、幻想もわかないし、人に会っても心が動かないのです。もし仕事もなくなり、感情生活もなくなるとしたら、僕は何の役に立つのでしょうか。

しかし、ほとんどの人はこれほど絶望しているわけではないが、全世代に通じて言えることは、疲れきっているからなのか、または単に自己表現することができないからなのか、競争社会で互いににらみ合うルールも拒み、金と美貌の持ち主だけが勝つパワーゲームにも加わらず、その外に居ようとする。

他の者に寄りかからないことは、相当の意思が必要なのだが、そう簡単なことではない。ひと昔前まであった社交の場が少なくなっているからなおさらのこと、人びとは大企業の経営者が社員同士の人間関係を親密にするため大風呂式を広げて奨励する社内の疑似交歓会を警戒するようになる。それはちょうど政治家たちが市民の願望を叶える、と大言壮語するのを眉唾ものとして聞くのと同じだ。

目立たないものの、町や田舎で親密な、新しい形の住民関係が階層に関係なく生まれてはいるものの、伝統的な習慣のように集団的に組織化されるにはほど遠い。一方、ブルジョワ層には、同階層同士の結婚、出生が維持されている。

中流、庶民階層の、とくに若者は、趣味などの共通性によって結びつくのだが、多くの者は、人間関係を狭めて、将来を共有することを拒み、出自に関係なく男女が連帯し合えるような関係をもちたがらない。したがってますます孤立した個人の趣味や関心などで結ばれる小さな関係が生まれる。教員であるジェフ（三十四歳）は説明する。

私たちは、他人とはごく部分的コミュニケーションをもっているにすぎません。どうしようもないほど細切れの関係ばかりなので、他の関係で補うほかないのです。パズルのように多くの人たちのそれぞれ異なる部分が集まっているにすぎないのです。どうしてYではなく、Xの欠点で悩まされる必要があるのでしょうか。

したがって恋愛関係でも、連帯運動や政治活動でも、なぜ持続的に関係を維持しなければならないのかということになる。現代社会を彩る人間関係にも社会にも組しない、準イデオロギーとも言える「弱いイデオロギー」には柔軟性があり、おそらく（新しい時代に入る前の）一時的傾向とも言えるのだが、昔の社会習慣や、政治スキャンダルにたいして、かつて労働者たちが起こした集団行動とはほど遠い。「カップル生活」も同様、すべてが一時的になり、社会からも遠ざかるようになる。今日の混沌状態を理解するには、それを直視しなければならないだろう。どんな関係にも関わろうとしない傾向のなかで、目につきにくい現象のひとつとしてあげられるのは、ノンセクシャアル・ライフだろう。

# 11　ノンセクシャル・ライフ

「恋愛がみだらなのは、それが、セックスのかわりに感傷をおこうとするからである」
ロラン・バルト（『恋愛のディスクール・断片』三好郁朗訳、みすず書房）

禁欲には二つの理由がある。性欲がないためか、パートナーがいないためかのどちらかである。すでに見てきたように、現代生活のなかで、人びとはますます孤独である時期が多くなり、よってノンセクシャル（非性愛）の期間も長くなっている。どちらにしても人びとは生きていくほかないのである。

**セックスは、なくてはならないものなのか？**

現代社会は非常にセックス過多になっており、セックス自体が他の商品と同じものになっている。世の中は出会いを提供するサイトや、恋人ハントの手引きを掲載するメディア、相手を誘うための魅惑的ランジェリーの誇大広告、若々しい美肌を保つための化粧クリーム、精力剤などであふれている。現代のデカダンスの代表的作家ミシェル・ウエルベックによれば、私たちが寄り集まるのは、殻に閉じこもる生活を忘れるためだという。人生は「無」でしかないのだから。際限なくセックスをくり返すことは、性本能が禁断状態に陥らないための悪魔払いとも言える。が、それは一時的満足感をもたらすものでしかない。

セックスにおいても、他の商品と同様の要求がなされる。つまり快楽はどこまでも保証されなければならない。バイアグラやシアリスなどは、最初は勃起不全治療のためのものだったが、今は精力改善のために求められ、「いつでもどこでも勃起できる」効果的なものになりつつある。フランスでもあまりにポピュラーになりすぎ、二〇〇六年十二月七日付『ル・モンド』紙は二頁にわたって、幸せなセックスを保証する新薬について、批判もなく全頁にわたって紹介している。またある週刊誌は表紙でも写真紹介している。同薬品の市場拡大のため、製薬業界は「女性の性不全」という新しい症名を打ち出し、女性用バイアグラを開発し、十八歳から五十九歳の四三％の女性を対象に売り出した。

「満足できるセックス」が今日のうたい文句になり、肉体自身が享楽の器となり、絶えずその性感度を改善していくようになる。雑誌などが紹介する「ドーピングセックス」という名の勃起薬やセックス用グッズ。性不全には媚薬の力を借りることもできる。不感症は恥じるべき症状のひとつであり、男性のインポテンツこそ是が非でも治療せねばならない。ベッドの中でもオフィスでもパフォーマンスを上げなければならず、社内で彼に寄せられる期待に応えられなければ、リストラのリストにのせられるのではないかと恐れる。

メディアがセックスをテーマにした「束縛のない享楽」をうたう今日、セックスに関係のなくなった者の「性的貧困」が問題にされる。性的フラストレーションに悩み、カウンセリングに来る患者がいるのはたしかだ。しかし真の問題は、愛情面の孤立にあるのだ。ミシェル・ウエルベックは、処女作『闘争領域の拡大』（中村佳子訳、一九九八年、角川書店、絶版）の中で、アンバランスなセックスの消費を指摘した先駆者でもある。「苛烈な経済自由主義のなかで、セックスの自由主義は、極端にその貧困化をも生み出している。ある者は毎日セックスしており、またある者は一生のあいだに五回か六回、または一回もしない。ある者は数十人の女性と関係をもち、ある者は一人の相手もいない……。これこそ自由主義市場の法則だ」。

セックスは健康に良いとまで言われている。セックスすることはボディラインにも、肌にも良いという……。しかしながら性解放が進むのとは逆に、性欲の低下が見られ始めている。もはや何も欲するものがなく、すべてが得られるのだから。セックスに溺れながらそれから逃れようとする者のなかには、アルコールや喫煙を止めたようにセックスを止めるケースが増えている。それらを捨て去ったあとの快適さは、すべてが手の届く環境のなかで、何も必要としない心地よい空間に落ちつき、雑事や友人の誘いからも遠ざかることにある。クリスチーヌ（五十三歳）の体験を追ってみよう、

私は、七〇年代の性の自由化をフェミニストグループと体験しました。当時は欲求を抑えるべきではなかったうえに、女性同士のセックスや乱交でも何でも試みることができたのです。ナイトクラブに行くたびに違った男性に出会えました。悩みや嫉妬があっても、相手を独占するようなことはしなかったのです。

あるとき私は、いつも自由な身で次から次に男性に体をゆだねることに嫌気がさし、セックスを捨て去りました。フリーラブを体験しましたから、性行為が義務的なものであってはならないと思いました。以来、私は十年以上も性関係をもっていません。セックスをしたいとも思いません。私が必要としているのは、優しい動作や気持ちのこもった眼差しです。愛について話すのではなく、それについてはもはや幻想も持っていません。ダンスとスポーツ以外、肉体に関することはすべて捨て去りました。自慰行為もしません。すべてが頭の中にあり、学業を再開し、友人たちと議論するのが好きです。私を混乱させかねない状況から自分自身を守る防波堤をつくったのです。

強烈な性的満足感が与える究極の幸福を求めることが最終目的だったとしても、無意味な性活動に溺れれば、もはや欲求するものは何もなくなる。有名なベストセラー、『カトリーヌ・Mの正直な告白』（高橋利絵子訳、ハヤカワ文庫）の著者カトリーヌ・ミエはインタビューの中で次のように語っている。「自分の体の詳細を書けば書くほど、自分の行為も微細に描写することによって、自分自身を突き放すことができます」。たしかに肉体しか見えなくなるときに感情や情動はなくなり、肉体のメカニズムでしかなくなる。現代社会は性別をも取り除こうとしている。小説家であり精神分析医でもあるミシェル・シュネデール（『混乱するセックス』、未邦訳）は述べている。「女性と男性が互いに相手に何を求めているのかわからないまま、なんとなく融合し合いながらも官能的出会いを避けようとする」。

フランス統計研究所の二〇〇四年六月の統計によると、質問された女性の二五%、男性の一五%は、数カ月以来、性関係をもっておらず、そのうちの二六%は性に無関心であると答えている。性医学者フィリップ・ブルノによると、六十代のカップルの五〇%は性関係をもたないという。一九九二年の調査では、男性の六・二%、女性の一二・四%は性体験が皆無だった。一九九二年のフランス人の性行動分析調査によると、三十〜三十四歳の女性の二・七%、男性の一・九%、三十五〜三十九歳の女性の二・五%、男性の二・三%は性交渉を一度ももったことがない。アメリカの調査では、成人の二%は一度も性体験をもたないという。

性欲の低下は治療とも関係がある。子宮摘出手術によって去勢され、テストステロン（男性ホルモン）の急激な減少により大体二人に一人の女性に性欲の低下が見られる。心的エネルギーである性欲の低下を抑えることはできるのだが、ほとんどの女性はそれを望まないようだ。

## 性欲が衰えるとき

しかしながら、統計的な数字で明確な実体を示すのはむずかしい。高学歴の若い女性で真の恋人に出会っていない場合、将来性のないアバンチュールに時間を費やしたくないと思う女性は多い。また、既婚者でありながら、夫への情欲が全くなくなってはいるものの、夫婦としての外見を保っていたいと願う女性。この種の女性が抱える問題はかなり異なる。十年、二十年以上も性関係を持っていないという女性もいる。彼女たちは、アバンチュールの機会には事欠かないのだが、ある意味で性感覚が麻痺状態にあるという。だが以前もったことのある優しい関係に郷愁を覚えるともいう。メディアは頻繁に心の孤独と肉体的孤独を混同する。男性ジャーナリスト、たとえばユベール・プロンジョーも『ヌーヴェル・オプセルバトゥール』誌（二〇〇四年十二月十六日号）の「セックスなしの生活」特集では、いくつかの例をあげ、性関係の不足よりも孤独な生活に焦点を当てている。

また性関係の少ない生き方は、男性と女性とは全く異なる。なぜなら孤独について語るとき、男性にとってそれは性関係をもたないことを意味し、女性にとっては、それは人間関係の空白を意味するからだ。社会学者ジェラール・メルメ（一九四七年〜　）によると、半数の男性にとって数カ月間、性交渉をもたないでいるのは耐えがたく、女性の場合はそれは三四％にすぎない。一方、女性の二六％、男性の一八％は性交渉がなくてもたいした問題にならないという。この数字から見ても、性生活を捨てるのは男性より女性のほうが多い。女性はセックスではなく愛情を欲し、男性は性交渉をもつことで愛情を示すのである。

セックス不足に悩む人のなかには、セックスをしなくていいので助かっているという。性交渉を断っているという人の二三％は、コンプレックスのあるシングルが多く、彼らはバカンスのときに出会う相手としか性交渉をもたないという。または恋人に忘れられたか捨てられた女性や男性もいる。彼らはそのあと再び誰かを探そうとするエネルギーもなくなっている。クリスチーヌは語る。

誰が私の年齢の女性を誘ってくれると思います？　私の頭の中では、性関係はあまりにも美意識と関係があるようです。老人やダサい男と寝ることなんて想像できないのです。朝起きたときに目がむくんでいたりすると、男性がそれを見てないので安心します。私にとってセックスには落ち度があってはならないのです。今まで欠点だらけの男とベッドを共にしてきたのです。今は、ずっと年上の男性と関係をもちたいです。私より体も弱っているわけですから、私にたいしてネガティブな意見は言えないはずです。同じ相手と二十年も一緒に暮らしたというなら別ですが。二人して年老いるわけですから、優しさと一緒に生きた過去につながる寛容さをもてると思います。

年を取るにつれて、性関係の低下も避けられない。ある者は、諦めないために、性医学のカウンセリングを受けに行くのだが、しかしそのためにはパートナー同士で状況を打開しようとする意思が必要だ。夫婦が危機にあるとしたら、和解するのは閨房の中ででも可能だろう。ある女性たちは、夫の暴力を鎮めるためには気が進まなくても夫との性交を受け入れるほかないと語る。普通、女性にとって情欲は夫婦関係のハーモニーの中から生まれるものなのだが、多くの男性にとって、夫婦関係は性行為を介してしか生まれない。

習慣的な性生活に馴染んできた者にとって、その相手との離別によって、愛情と性関係がなくなるわけで、苦しませるものだが、ある時期を過ぎれば、心身の感性も鈍くなる。なぜなら性関係が少なくなれば、それだけ性欲も減るからだ。前にも書いたように、そうした状態には男性より女性のほうが耐えられる。そして女性は、新たな関係を求めるには、傷跡が癒えるまで待とうとするが、セックスから完全に離反してしまうことも恐れる。豊かな性生活を送ったクリスチーヌは語る。

五十三歳の私にとって、カップル生活は終わりました。セックスについては何から何まで経験しました。若い頃は多くのアバンチュールをし、男性に気に入られ、誘惑するのも好きでした。でも今考えると、喜びをもってセックスをしていたのではなかったのです。あまり好きでもない男とセックスしすぎたためでしょうか？　今はその時期からずっと遠いところにいます。まだ夢や幻想が多少あったとしても。これからはもう自分を無理強いしたくありません。こういうことを自分の口から言いたくはないのですが。なぜならセックスを好まないなんていう人は、私しかいないと思うからです。性関係をもたないことは、まるで失業しているみたいです。仕事を辞めると、再び復帰するのがむずかしいように、性行為を再開するのは不安です。なぜならツボを忘れてしまったのではないかと思うからです。

一時期、メディアが即時的な出会いを奨励し、性的快楽を高めるためのアドバイスを提供したものだが、性欲が衰えるとともに性欲不足に悩む患者も出始めた。男性のなかには不安を覚える者もいる。いつでもどこでも有能であることが要求されるなかで、女性は人間関係が自分に合わないときには去っていけるだけの自立性をもっている。男性は性的に弱点があると、恋愛市場からもはじき出されるのではないかと不安になる。彼らにとって、女性はおもにセックスを相手に求めているのだと想像し、ベッドの中で彼女らを満足させることができないのではないかと不安を覚える。クリスチャン（六十二歳）は以下のように語る。

セックス面では、引き潮状態にあり、そのままその状態が続くでしょう。もはや性交渉などはなく、夢に現われるくらいです。自分自身を自慢できない時期に性欲など感じられるでしょうか？　ある年齢を過ぎたとき、何を与えることができるのでしょうか？　六十歳を過ぎると、与えられるものは以前よりずっと少ないのです。

男性のなかには、女性の性欲は尽きることはなく、何度もつづけてオルガスムに達することができると思い込んでいる者もいる。しかしながら、女性の言い分に耳を傾けると、彼女が求めているのはそんなことではなく、男性から別のことを待っている。日常生活の中で男性に愛想をつかしていたり、家庭内で女性が相変わらず伝統的な役割を担っている場合、少なくてもベッドの中で男性がその不足部分を補ってくれることを望んでいる。つまりベッドでの優しさが日常生活にも反映することを願っている。

しかしながら性的快楽は感情的動揺を隠し覆せない。カウンセリングに来る患者のなかには、肉体関係はあっても自分の感情も入り込めない乾いたセックス、暖かさや優しさの不在をかこつ者が多い。彼女たちは余生を共に送ってくれる相棒を求めているのに。性生活は希薄でも、優しさと安定した生活さえ保証されるならいいのである。女性にとって肉体関係はどこまでも愛情がなければ動物以下のものであり、男性とは全く異なる。彼女らはセックスについてはほとんど語らない。

ブノアとアニーは三十年来の結婚生活を送り、子どもが二人いる。最初から彼らにとって性生活は重要ではなかった。ブノアは早漏体質だったし、アニーは情熱的な恋人タイプよりも主婦タイプだった。彼らの夫婦関係はびくともせず、互いに信頼し合っていた。が、会社の社員研修のとき、ブノアは束縛から解放されることを思いつき、男としての返り咲きをはかった。彼よりずっと若い女性と灼熱の関係をもち始めたが、彼にはその関係が強烈すぎたのか重度のうつ状態に陥り、精神病院に入院を余儀なくされた。

退院したときに、ブノアは述懐した。私は情熱的な恋愛や過激な関係には向いていません。私たち夫婦は完全ではありません。私は大恋愛できるタイプではなく、妻は肥満体のボディラインにコンプレックスを持っています。この釣り合いでいいのだと思います。

## アセクシャル（無性愛）であること

セックスなしの生活（アセクシャル・ライフ）を求める人たちが増えており、まだそれに行き着いていない人たちもその長所を認め始めている。二〇〇一年から、二十三歳のアメリカ人デイヴィッド・ジェイが「アセクシャル教育ネットワーク」Web AVENを立ち上げ、アセクシャル（無性愛）者の自尊心を守り、アセクシャルであることを隠して生きざるをえない個人的秘密や罪悪感、苦しみを公開し、アセクシャル・コミュニティを打ち出す運動を始めた。それはピューWリタン運動でも新興宗教団体でもなく、また一九九〇年代以降アメリカにまん延したエイズや性病、若年女性の妊娠などの防止のため、この世代をコントロールするためにできた新しい道徳的禁欲主義運動とも異なる。一九九三年に設立されたトゥルー・ラブ・ウェイツ（純潔運動団体）などの運動は、大学のキャンパスでもアセクシャル・キャンペーンを広めている。この運動の一貫として、二四〇万人の若者たちが、バプテスト教会で結婚するまでは処女・童貞であることを誓っている。

アセクシャル者にとって、貞節や処女・童貞であることなどは問題ではなく、セックスに興味を持たないことだ。男性も女性も、セックスするのと交換に、お互いに読みたい本を交換してもいい。スペインのマンガ作家マイテナが広告用サックに女の肢体を描き、「ベッドに連れていくのに最高！　これフナック（フランスの最大の書店）で見つけたの！」というふうに。

アセクシャルであることを自認する者にとって、肉体関係は重要ではなくなっている。セックスなしの生活が合っているのに、社会が認める一般的ライフスタイルにどうして従わなくてはならないのか。アセクシャル者のなかには、他人と接する必要もなく、自分を孤独者だと認める者が多い。なかには、深い友情や親しい関係をもちながらも、「肉体関係」に進もうとしない人びとがいる。それは、その相手を肉体関係のパートナーとして選びたくないためではなく、欲求がないためなのである。

最近までホモセクシャルが、変質者または精神異常者として分類されたのにたいし、肉体関係をもたないことも異常であり、ひとつの症状としてみられてきた。メディアがセックスをモードと同じように消費することを奨励するように、性欲の減退は感情の調整不全、あるいは欲動の冷却とみられる。自分は普通ではないという意識によって、周囲にそれを隠すようになる。経営者であるイザベル（五十四歳）は、その悩みを語る。

自分が魅力ある女性であることは意識しているのですが、今まで出会った男性に落胆しました。無意味なアバンチュールをくり返したくはありません。非常に活動的な職業生活を営んでいますので、夜はよく出歩き、旅行もします。友人に恋愛はしてないのかと訊かれると、いい加減にごましています。私が六年間、性交渉を持っていないとは誰も想像できないのです。

しかし、セックスにすこしも関心のなかったアセクシャル者の他に、新たにアセクシャルになる者もいる。彼らは豊かな性生活を送り、いろいろな経験を積みながらも種々の理由により、別の生き方に移っている。肉体関係に反対してはいないのだが、もう関心がないのだ。再びもとの状態に戻るには相当な意志が必要だろう。銀行員であるモニック（五十八歳）の場合がそうである。

カップル生活を送り、子どももいますが離婚後、何人かの恋人をもちました。しかしこれらの肉体関係で満足感を得られたものの、さまざまな束縛から解放してはくれませんでした。現在はそのような関係を諦めて、まったく別の生活を送っています。読書や旅行、友人との付き合いなどで占められています。

彼らは、衝動的で抗しがたい性欲から解放され、性欲を知的な活動や芸術、職業などに反映させ、精神的に昇華していく。心身の昇華は、ある意味で欲動を諦めることを意味するのだが、それを補い、つぐなうための選択でもある。カナダ人歴史学者エリザベス・アボットは次のように述べている。「性生活不在のかわりに得られるものは、さらに大きな自由と新しい快適さである」（『貞操と独身の歴史』、未邦訳）。それによって、他の多くの感性が増し、新しい世界への扉が開かれ、自分自身であるという意識が非常に強化され、性欲が放つエネルギーは自然や友情、創造へと向かう。彼らは、何の意味ももたらさない人間関係で時間を失いたくなく、精神的豊かさによってセックスの不在も感じられなくなる。

他の者にとっては、貞操は拒食症にも似ており、金儲け主義の消費社会を拒否するオルターナティブ運動に似た自衛本能からくるともみられる。自分の生活が充実しているとき、快楽の入り込む余地はない。それはフランス人社会学者アラン・エレンベルグ（一九五〇年～　。『自分であることの疲れ』、未邦訳）が描いたように、生きるうえで、すべての面で成功しなければならないということへの抵抗ではないだろうか。また肉体交渉に興味を失う女性が増えているのは、肉体関係は、女性が男性に従属し、男性にとって女性を支配するための手段にすぎないと考えるからである。

カップル生活のなかでセックスは一般が考えるほど重要ではなくなっている。新しい傾向として芽生えているのがセックスなしのカップル生活であり、皮肉にも教会が奨励してきた「夫婦の貞節」の関係である。性関係は希薄でも、貞節と相手への敬愛、深い愛情に支えられている夫婦関係である。このようなカップルは性欲を肉体以外の分野に向け、ほとんど性関係をもたなくても調和のある関係を維持できる。

女性たちは、マッチョな男らしさとは、烈しい性欲に女性を服従させるためのものであると批判する。親しい友人やパートナーと織りなす関係が、性関係だけで維持されるとはかぎらず、セックスなどは入り込まない、豊かな社会的関係を築くことができる。性欲による衝動も影をひそめ、純潔さと気高さをともなう「生」へと昇華することができるのである。

実際に、カップル関係は夫婦生活のなかばにして危機が訪れたとしても常に持続しつづける。新しい傾向としてあげられるのは、三十代の若いカップルのあいだに見られる新しいライフスタイルである。彼らにとって肉体関係は二義的なものであり、それよりも職業または社会活動で自分の能力を発揮したいと考えるようになっている。

## アセクシャルは神経症ではない

アセクシャル（無性愛）は、異性愛やホモセクシャル、バイセクシャル（両性愛）と同じくひとつの性向なのか。または性的欲動から遠ざかろうとする精神作用からきているのか。精神分析家がこの問題に取り組んだのはまだ最近のことなのだ。今までアセクシャルまたは無性愛に関するテーマは研究プログラムに含まれてなかったのである。が、一九九〇年代のアメリカの研究チームの実験によると、性的年齢に達した若い雄羊と雌羊を一緒に囲いの中に十八回にわたって入れたら、そのうちの一〇％はすこしも性的関心を示さなかったという。さらに雄羊と雌羊のいる囲いに雄羊を入れると、そのうちの二、三％は雄にも雌にも何ら興味を示さなかった。この数字はアセクシャルの人間にも当てはまる。

どちらにしても精神分析家と性医学者らはこの問題を無視できない。セックスにまったく興味がなくなったら専門家に診てもらうことが必要だという。専門家たちは、セックスは人間生活の核をなすものであり、それがなくなると無意識のフラストレーションを引き起こし、精神生活に影響を及ぼしかねないという。したがって性欲を高めるためのセックス治療を受けることを奨励する。

精神障害患者は、性的欲求の障害に苦しんでいると発表したのはフロイトだった。したがって健康で幸せな人間は、性生活にも満足していると結論を下している。精神的健康とは何によるものかという質問にフロイトは、愛することと仕事をすることの能力にかかっていると答えている。フロイトにとって、神経障害からの回復はオルガスムに達する能力にかかっている。しかしながら、その場合のパートナーとの関係については問題にしていない。フロイト以後の精神分析家のほとんどは、人間関係と性関係を混同し、精神障害は、満足できる人間関係をもてないからだと分析する。彼らは、親密な人間関係を重視するあまり、個人の資質が開花できる他の方法を軽視しがちだ。リビドーは性的欲動だけではなく、社会的精力として高められるべきエネルギーでもあり、力でもある。

性医学者たちはよく、性欲不足を生理学的標準値に頼ろうとする。たとえばテストステロン（男性ホルモンの一種）やドーパミン（中枢神経系に存在する神経伝達物質）の数値である。だがアセクシャル者は、欲求不満者とは異なり、うつ状態でもなく、外に出て、友人と会い、笑い合い、ワインを飲み交わし、美味しい料理を好む。問題は別のところにある。

性生活を諦めた者の特徴は、自分自身の気持ちを散らさず、表面的な出会いを避け、現代社会の享楽的側面にも迎合しない強い意志をもっていることだ。性関係を拒否することは、表面的な出会いも避けることになるが、彼らに欲求がないとは言いきれない。ただ私たちが予期している場所では彼らに出会わないということだ。このような私生活を選んだ者を批判できるだろうか。出生率が下がることのないフランス（欧州で出生率一位）に、彼らがアセクシャル者として、子どもをもたなくても何ら弊害を及ぼすことはないのである。

このように私たちは、孤独にたいして抱いてきたネガティブな偏見を見直す時期に来ている。孤独を好むのは性格的なものではなく、逆に豊かな資質の持ち主であることがわかる。

# 12　一人でいられる資質

「孤独のなかで決して僕は一人ではない」

歌手ジョルジュ・ムスタキ

一人でいられる資質は、貴重な資源であり、最も深い感性に達することができ、クリエイティブな想像力を伸ばし、かわりに失ったものを我慢できる能力である。この資質は子供時代に培われるものである。新生児から幼児期のあいだ、母親または彼女に代わる者とのつながりは、子どもの成長にとって本質的なものとなる。ロンドンのタヴィストック病院の精神分析学者ジョン・ボウルビィ（一九〇七〜九〇年。早期母子関係理論を提唱）は、戦時中に母親と離れ離れになった子どもを観察し、一九六〇年代にその子の母親への愛着について研究した。結論として、子どもは根本的に食料と母親の暖かみを必要とし、母親は生の源であり、母親がいない場合は、実母に代わる代理母に愛着を覚えるという。

それに次いでアメリカ人精神分析医ルネ・スピッツは、サルを実験台としてこの仮説を実証した。二匹の子ザルを二種類の食料供給システムを備えた人工的代理母ザルに預ける実験を行なった。一方には、堅い鉄線で送られてくる滋養の高い食料を与えた。片方には、柔らかいビロードでできたぬいぐるみの代理母が栄養価の低い食料を与えた。結果として、後者の子ザルのほうがよく育ったのである。

## 幼児時代に必要な孤独体験

二十世紀の英国の精神分析学者は、とくに母親との離別体験に関心をもった。英国の小児科医・精神分析医ドナルド・W・ウィニコット（一八九六～一九七一年）は、母親がいるところで一人でいられるかどうかは、情緒的成熟度を表わしているという。「逆説と見られる点として、誰かがいるところに一人でいられるということは、この体験が充分にくり返された結果であること。誰かのいるところで『一人でいられる』赤ちゃんこそ、自我の早期成熟が可能となる」という。

しばらくして、母親が自分を見ていることに確信している幼児は、自分の周りを探検したくなり、他の子どもにも近づきたくなる。いつも母親がそばにいてくれる子どもは、たまに母親が留守をしても泣かずに母のいない孤独に耐えられるようになる。フロイトが『快感原則の彼岸』で述べているように、彼の十八カ月の孫息子が糸巻きを遠くに投げたとき「遠い！」と叫び、その後、長椅子の下に転がっていったので「そこに」と言いながら糸を引っ張ったのを観察した。遠くに消えて行ったがまた現われた糸巻きをとおして、幼児は「ママは行ってしまい寂しいけど、また戻ってくる」と思うのと同様に、母親の不在を我慢できるようになるという。

もしこの習得がなされないと、トラウマまたは自己の虚弱性のため母親と離れるたびに悲しみ、大人になっても人を愛することがむずかしくなるという。ベルトラン（四十二歳）は幼児体験を語る。

両親の影が付きまとい、人を愛せないのです。幼児時代の愛情不足が現在の愛の不在につながっているようなのです。幼児時代に跳躍力を与えられなかったかのように。

人生のさまざまな出来事によって余儀なくされた孤独にたいする見方は、子供時代の体験と結びついている。心理的に何ら準備のできていない幼児は、親との別離や家族の死、親の仕事のうえでの別居などにより、ある日突然一人になったとき、離別の悲しさと孤独を混同してしまう。つまり寂しいのは、愛する人がいなくなることであり、孤独そのものではない。肉親との離別に耐えられないのは、肉親の視線なしには自分の存在を感じられず、感性的幸福感も、愛する人がそこにいるかどうかにかかっているからである。

母親のなかには、子どもを圧倒するほど心理的空間まで占領してしまい、孤独というものを知る機会を与えない母親がいる。じつは母親自身が一人になれず、自分の子どものひとりぼっちの姿を想像するのも怖く、まさに孤独と寂しさを混同しているのである。この種の人こそ相手の沈黙が耐えられなくなるものだ。無言の夫に向かって「何か言ったらどうなの！」と叫ぶ。彼女にとって、沈黙は不満としてとれ、空いた空洞を埋めるために、何でもいいからしゃべって欲しいのだ。彼女らは、孤独がもつネガティブなイメージをカバーするために、さまざまな活動や表面的な関係などで埋め合わせしようとする。常に誰かにくっ付いていようとするのは、コンタクトがなくなると親愛関係も薄れてしまうと思うからだ。

これらの人びとは愛情と依存を混同し、相手なしではいられず、自分、そして相手の自由をも侵しながら、常に相手がそばにいてくれることを願うようになる。しかし昔から言われているように、愛にはある程度の距離が必要なのである。二人があまり近すぎると互いに見えなくなるからだ。子どもにとっても、愛情は母親におんぶにだっこされているからあるのではなく、母親が台所にいても、彼女の愛情を疑わずに、絶えず彼女がそこにいるのを確かめなくても、誰かと遊んだり絵を描いたりしていられるようになる。

## あなたの孤独を愛すべき

自尊心とは、あるがままの自分を愛することであり、誰かとの親密な関係のなかでしか自分を愛せないというのではない。自分自身の存在を感じ得ない者こそ、なおさら孤独と孤立に苦しむことだろう。なぜなら内面的空白に直面させられるからだ。孤独を受け入れることは、他人の視線を気にすることを止めて、あるがままの自分に責任をもち、自分にどれだけの価値があるのか心得て、他人にではなく自分自身を頼りにすることである。モンテーニュも他人に調子を合わせることを止めるようにと奨励している。「われわれはひとりで生き、道連れなしで行こうという以上、自分次第で満足できるようにしよう。自分を他人に結びつけるあらゆるつながりから引き離そう。自分の上に、本当にひとりで、安楽に生きる力を獲得しよう」(『エセー・孤独について』原二郎訳、岩波文庫)。ルソーもこの点を確認している。「愛着は足りないものがある証拠だ。わたしたちの一人ひとりがほかの人間をぜんぜん必要としないなら、ほかの人間といっしょになろうなどとはだれも考えはしまい」（ルソー『エミール』今野一雄訳、岩波文庫）。

一人になることによって、自分自身を確認でき、充分に自分に満足し、他人に依存することも、他人の自分にたいする評価も、自分をどう思っているかなども気にならなくなる。そして相手をライバルとみなすのではなく、旅の道連れと思えるようになるだろう。パートナーと豊かな刺激的な関係をもつには、充分な距離を保ち、一体にならないほうがいい。誰も、私たちのかわりに生き、愛し、苦しむことはできない。できることは相手を支え、苦しみに同情してあげることだろう。相手を尊重することは、彼のアイデンティティと精神性を尊重することでもある。

極限の孤独にまで達するのを受け入れるとき、個人の根源を探し求めることができる。それは、孤独のきびしさをとおして、自立心と自己愛を身につけることができるからだ。クローディア（五十歳）は語る。

孤独そのものに苦しんではいないのです。むしろ豊かな実のあるコンタクトをもてないのが寂しいのです。夜一人でいて、一人で食事をすることは、たいして問題ではないのです。

ある程度自立を確立し、他人にもまれることなく、人びととの出会いよりも、自分自身の自由を重んじて暮らすことはそうたやすくはないにしろ、クリスチャン（六十二歳）が決心して選んだ道を追ってみよう。

僕の処世術は、家族にも、派閥にも、グループにも「属さない」ことです。規範というものも、人脈というものもありません。自分が別のものになることを強いられるのを常に恐れ、孤独な道を歩んできました。徴兵中、気が狂いそうでした。女性が独善的になるたびに、僕は烈しく対応し、そのたびに別れました。しかし、社会の何にも属さないことは、あとでその代価を払わせられ、高くつきます。

私たちは、ある意味で孤独本能をそなえていると言える。ある者は幼いときからその状態に訓練されている。作家パトリック・モディアノ（二〇一四年ノーベル文学賞）の子供時代を例にとるなら、彼は、フランス系芸能人で、エゴイストだった母親に無視され、父親は教育に無関心で、幼いときに寄宿舎に入れられ、孤独な子供時代を送っている。一般的に、子供時代に長い期間一人で過ごした人は、他の人よりも創造的な才能を伸ばす可能性をもち、集中力と想像力を必要とする創作活動に向かい、同時に観察力が培われる場合が多い。これらの人びとは、成人してからは、誰の存在も必要とせず、恋愛関係や夫婦関係は創造活動のあとにもてる。このようにして、彼らには豊かな感性と共に他人に耳を傾ける才能が培われるのである。

子どもの想像力を伸ばすには、子どもが一人になれる空間と時間を与えるべきなのである。ベルトラン（四十二歳）は子供時代の思い出を語る。

子どもの頃、父は日曜以外、毎日しんどい仕事をしていたので、日曜の朝は家族を釣りに連れて行きました。僕は、湿った田舎に行って魚が釣れるのを待つのがいやでした。どちらにしても淡水魚の臭いはむかつきます。川に着くや父は釣り場に落ちつき、僕は周辺の草むらを探検して廻り、心地よい場所に寝転がって本を読み、夢の世界に入ります。一人で離れているのが、父への鬱憤《うっぷん》晴らしだったのです。

とくに好きだったのは、川面に横たわり、枝葉が被う大木です。まるで水面の上に設えた天蓋付きのベッドみたいでした。木の葉影に隠れ、両親にも見られずに僕の世界を支配できたのです。以来、休養したいときは、いつもこの川辺に似た場所に行って休みます。

一人でいられる資質のある者は、しばしば強い性格の持ち主に多く、子供時代に性格が形づくられるか、家庭環境によって性格形成が余儀なくされ、それに適応し、最後は自分の選んだものとして、孤独のなかに自分の自由を見出し、それから抜け出ることはむずかしくなる。

孤独は実習体験でもある。孤独のポジティブな面とは、重要な成熟過程におけるひとつの段階を形成することでもある。その時期に自分の内面を探し求め、何かの創作、創造へと導くものでもある。なぜなら一人でいるときは、すべての感覚と考えが研ぎすまされるからである。リルケは『若い詩人への手紙』で次のように書いている。「……それだからこそ、あなたはあなたの孤独を愛して下さい。そして孤独が美しい嘆きの声を響かせながらあなたに味わわせた苦痛をになって下さい。……しかしあなたの孤独が、非常に馴染《なじ》めない境遇においてもあなたの拠《よ》り所となり、故郷となるでしょう。そこからこそあなたはあなたのすべての道を見いだされることでしょう。」（『若き詩人への手紙』高安国世訳、新潮文庫）。

## 内部に達する

残念ながら今日の教育は、生徒たちを自立へと向かわせるようにはしていない。生徒は、充分に自分自身になることを学べないでいる。今日、ますます多くの人が精神分析医の言う「トゥルー・セルフ」よりも「フォー・セルフ」を重んじ、他人の欲望や感情に順応する傾向が強くなり、それを防ぐことができないでいることに悩んでいる。

しかしながら孤独を体験したことのある者は、別離や喪など人生のなかで悲しみをともなう出来事に直面してもそれほど動揺しない。一方、孤独に慣れていない者は、誰かに捨てられたり、フラストレーションに苛まれたりするのには耐えられず、誰かの愛情を失うことは取り返しのできない悲劇として捉えてしまう。しかし、実際に愛情豊かな関係を生きたということだけでも、立ち直るためのバネとなり得るのである。詩人・小説家クリスチャン・ボバンは説明する。「生きていくためには、一度でも誰かの眼差しを受けとめ、一度でも愛され、一度でも抱かれなければならない。生涯のあいだにこのような体験があれば、一人でいられるのだ。孤独はけっして悪いことではない」。

パートナーとの離別を余儀なくされるとき、カップル生活またはラブストーリーの喪に服さねばならない。が、ショックの時期が過ぎるとしばしばルネサンスが訪れるものだ。四十五歳のジャンヌが証言するように。

当初は耳を聾するほどの沈黙が支配しました。夜帰宅すると家には誰もいません。朝おいたままの空のコーヒーカップがそのままそこにあります。それからは慣れてきます。ベッドに横たわり、深夜まで読書し、お腹がすいたときに食べ、ゆっくりとタバコを吸います。誰にも邪魔されないで。初めて一人でバカンスに出たときは辛かったです。そのあとは人びとのほうから話しかけてきて、以前とは違ったふうに会話を交わせます。ただ問題なのは、周りの人たちが何となく私の欠点を指摘するようなことを言うのです。たとえば「もっと男性を誘うような努力をすべきだ！」とか「要求が高すぎるんだ！」とか。

孤独の穴埋めをするために、ある者は、頭の中で誰か特別な話し相手に向かって話す癖をもつようになる。その相手は日常的に話している者ではなく、望みや疑問、疑いを語れる、心がわかり合える人なのだ。たとえば精神分析医との問診のとき「彼にはこう言うでしょう……」と。次の問診のとき、そのような言い方をしないなら、内面の自分と会話をしていることになる。今日、対話を交わす者がいないため、ますます多くの患者が内部の声と対話をするようになっており、そのため私的な日記をつけるようになっている。「私的」という言葉は意味深い。なぜなら自分自身に注意を払い、エゴイスト的でなく、自分の内部を探ることだから。

しかし、最初から強要された孤独は病的になる可能性もある。「どうせそうなんだから、外に出たくもないし、人に会いたくもない！」。このようにして閉じこもり、うつ状態のまま自分を放り出すのである。彼らは疑似的な孤独者となり、友人も誰も彼らに寄って来ないとこぼすのだが、じつは彼らこそ人びとに会いに行こうとしないのである。このように身を引く態度は、むしろ世間を蔑視することでもある。夫に去られたエンマ（六十三歳）は述懐する。

私は医者でしたが、早期定年退職しました。夫に去られたあと、生きるということを止めました。職業的にもずっと活動的だったのですが、すべてに興味を失いました。それは、夫婦の離別の際によく生じる反動的なうつ状態ではなく、抗うつ剤も効かない一種の離脱症状だと思います。私にとって夫のいない生活は考えられないのです。友人にも会ったりするのですが、全然興味がわかないのです。

自分自身に自信が失われると孤立するものだ。「人とのあいだに距離を置いているのは、彼らが僕に関心をもつとは思わないし、彼らは僕よりもずっと優秀だし！」と、三十四歳の介護士ステファンは言う。

私が落ちつかないのは——苦しんでいると言うべきかもしれませんが——この世の中に私は向いていないということです。もちろんよく仕事をしますし、社交的だし、どこでもよく歓迎されます。でも限界に来ているという感じがするのです。ちょっとした過ちを冒せば、私が不適格な人間だということがわかってしまうでしょう。

または、ただ一人のパートナーとだけ生きてきた者にとって、相手を失うときの虚脱感はドラマチックなものだ。仕事だけにまっしぐらに生きてきた者も、定年退職するときにしばしば虚脱感に襲われる。同様に夫婦間でも一人の相手としか生きてこなかった場合、離別が与えるショックは相当なものである。この絶望的な空白に放り出された者こそ、新興宗教団体の餌食になるのである。これらの団体は孤独になることの怖さを利用し、「私たちの集まりにいらっしゃい、あなたはもう一人ではないのです、私たちは大きな家族です！」と言って勧誘する。

しかしながら一人になることは、内面の世界を探検できる良い機会なのである。熟考することと成熟することは、孤独のなかでしかなされないのだから。なかば意識的に積極的に孤独を受け入れ、一人で暮らすことを選ぶ現代人が増えている。かといって彼らは友人たちと完全に関係を切らずに、新しい充実した生活を自分のものにしている。

# 13　孤独を選ぶ

「僕は今までのように、偉大な作家たちに支えられながらも一頭の熊のように、一人で生きていくことにします」

エジプト旅行中のギュスターブ・フロベールの母への手紙

イージーライフがうたい文句になっている現代社会で孤独を選ぶことは、かなりむずかしいはずだが、孤独は逆に豊かな内面生活と創作力を可能にしてくれる。「さらに多く」をモットーとする今日の超活動的な社会のなかで生きながら、人びとは大気を、空間を必要とし、生きることと愛することの意味を求めるために、日常生活の諸事を序列化せざるをえなくなっている。しかし、今日の生活のなかで孤独の空間をつくることはむずかしく、かわりに流行っているのがシェアライフ（共に生きること）である。

## 自分の根源にもどる

仕事に、レジャーにとせわしなく動いていることによって、自分は一人ではないと思える反面、義務的な日常の諸事から一時的にも解放されたいと思う人が増えている。常に行動し、せわしない生活を送っていると、自分の思考を深める時間もなくなる。しかし、静かに考えるための自由な空間をもつことは必要であり、しばらくのあいだ自分を休耕地に置き、その地を生き返らせるだけの時間も必要なのである。

たしかに現代社会のなかで一人になり、静けさのなかに身を置くことはむずかしい。モバイルやMP3（音声ファイルフォーマット）、店内のムードミュージック、旅客機、ホテルのロビーと、私たちは過剰な音響システムのなかで暮らしている。都会生活で私たちはこれらの騒音にあまりにも慣れすぎているため、それがないところでは居心地が悪くなる人も増えている。四十二歳のナジャは既婚、二人の子どもをもち、営業部幹部。

私はとても活動的な生活を送っています。真面目で同僚にも信頼されています。子供時代に母がよく言ったものです。「何もしないでじっとしていてはだめよ」と。台所の手伝いや部屋の整頓、買い物など、いつもやるべきことを私に言いつけました。こうしていつも家庭のなかで便利な存在でした。今は毎日オフィスで同僚たちに頼まれるすべてをこなし、いつも役に立ち、笑顔を絶やしません。自分の存在も感じられないほどです。帰宅すると、子どもたちがつきまとい、私がすべてやってあげなくてはなりません。主人は独占欲が強く、私がもの想いに耽ったりしていると、私が彼から離れていくのではないかと不安がるので安心させなければなりません。

私一人で居られる空間というか、別のところに居られ、自分だけのための時間が欲しいのです。何もない空間に居られて、誰も連絡してこれないような、モバイルやパソコンも消して、外からの誘いも全部断って一人で暖かいベッドに横たわり、面白い本を読み、誰にも知らせずに遠くに、世界の果てに、孤島に行ってしまいたいのです。自由に瞑想でき、一人でさまよい、内面の世界を再発見し、空想の赴くまま、じっとしていたいのです。しかし、現実の生活にはそのような余裕はすこしもありません。

個人個人が必要とする孤独の程度は、それぞれ異なる。一人またはカップルで、家族と暮らしていても、自分、そしてパートナーも孤独の時間と場所をもつことは大切である。相手を愛することは、彼または彼女の、誰にも侵すことのできない部分を受け入れてやることでもある。自分の趣味の園芸や日曜大工などに専念する人が多くなっているのもうなずける。モンテーニュも書いていたように。「まったく自由な店裏《たなうら》の部屋を一つ取っておいて、そこに自分の眞の自由と唯一の隠遁と孤独を打ち樹てることができるようにしなければならない」（モンテーニュ著『エセー・孤独について』原二郎訳、岩波文庫）。五十六歳のアンナは、いつも自分には何もない空間を必要としていた。

私の子供時代は母の存在に付きまとわれ、決して私を一人で居させてくれなかったのです。あまり裕福ではなかったので、大人になるまで自分の部屋をもったこともありません。私は静けさが必要だったのに母の話し声が占領していました。一人になるために、私は宿題があるとか、勉強しなければならないとか言って彼女とのあいだに距離を置くように努めました。卒業後、結婚しました。母を愛していましたが、母との関係は荷が重すぎました。夫は情熱的な夫婦関係を望んでいました。すべて夫婦そろって行ないたがり、たとえばテレビを見るときも、私が隅で読書をしたりするのが理解できないのです。

今は一人で暮らしています。バカンスにも一人で行き、会いたいときに友人たちに会いますが、誰かに招かれたりすると、仕事を理由に断ります。でもひとりぼっちとは思いません。好きな友人たち、彼らは私を愛してくれていますし、真の友人たちは、私が自分の空間を必要としていることを理解してくれ、私をほっといてくれます。

自分一人でいられるスペースをもてるということはデラックスであり、誰にも可能というわけではない――ルノー車〈エスパス〉の広告にも「エスパスはデラックス」と謳われている。ますます増えているのが、日常のプレッシャーとストレスに侵された心身を浄めるために、離れた地や隠遁地、僧院に身を寄せる人たちだ。行動と人とのコンタクトが最優先する今日、瞑想と内面生活のためのスペースを確保し、外部の騒音から逃れ、情報ネットからも自分を隔離し、テレビを消し、ＭＰ３装置も停止することが必要だ。しかし、自分自身からも逃避するようにまでならないために、自分の内部を見つめる余裕をもつことも必要である。なぜなら孤独と沈黙を恐れていると、社会も深みのない平べったいものに見えてくるからだ。一人でいることの意味がわかり始めたララ（四十五歳）は語る。

友人たちは、わたしの孤独な生き方を理解できないのです。私は誰にでも愛想がいいと言われますが、日常生活に誰かがいると肩がこるのです。カップルで生活していたときは、連れ合いが仕事で出張してくれる日を楽しみにしていました。彼は私に謝りながら「僕の留守のあいだ退屈しない？」と言ってくれましたが、私はすごく嬉しく、やっと自分の時間がもて、好きなように一日を送れ、夕飯を考える必要もなく、向かい合って話し合う必要もないので気が楽でした。単純すぎると言われますが、もちろん彼は帰って来るわけです。彼と別れてからは、日常生活に男性が一緒にいるのはもうたくさんです。

いろいろな生き方をくり返しながら、結果的には同じ箱の中で動き回るネズミのようになってしまう。それから解放され新しいシステムに身を置くためには、一度、真空状態の中で過去の思い出をふるいにかけて沈殿させ、上澄みだけをすくい上げるしかないだろう。世間を侮蔑しながら逃避するのではなく、静謐を深め自分の深層部に入っていくためである。それは、世の中の喧噪から離れたところで自分を再発見できる内的経験となり得るのである。

## 自分自身であること

パートナーの要求がますます高くなっている今日、シングルあるいは別居同士のカップルは相手の視線を気にする必要もなく、いつでも、どこにでも食べに行け、朝方は着古したパンツとスリッパ姿でごろごろしていられるものだ。しかしそれは、どうでもいいという投げやりな態度ではなく、パートナーの気むずかしい視線を気にしなくてもいいという状態であって、一人でいられることの心の平和であり、自分の弱みを言い訳する必要もない。五十一歳のジナは語る。

やっと何もしないでいられ、自分だけの時間をもて、毎晩、毎週末、何かしなくてはならないという義務のない幸福を味わっています。

シングルライフでは、時間の余裕ができるから知らない人に話しかけたり、新しい出会いも生まれる。それがカップルでいると、それほど熱々の関係でなくても、家庭という枠の中におさまり、友人と会うのも少なくなる。それがシングルにとっては感情生活は外でくり広げられる。豊かな社会生活は、友人関係やカルチャーライフ、アソシエーション、ボランティア活動へと広がっていく。

ほとんどの者が同じことを考え、感じていた時代の孤独者は固有の考えをもつことができ、発展させ、自由と批判精神をもつことができた。それは他人に影響を与えるためではなく、他人に左右されるものでもなかった。自分のあるがままを受け入れ、自分の居心地の悪さや欠陥部分を外部のせいにしたりしなかった。自由であることは自分自身であることであり、自分の幸せが相手に依存するようにならないためには、自分を十二分に愛することが大切だった。自分が誰であるかを充分意識し、それを受け入れるなら、一人でいることや、他人とは違うということにも耐えられるし、他人の目も気にしなくなれるのである。ジナが言うように。

人との関係を理想化するようなことはもうしません。あまりにも落胆と幻滅を味わいすぎましたから。恋愛関係などよりも、自分自身と自然との調和がとれて初めて、元気いっぱいになれることがわかりました。

静けさと自分で選んだ孤独のなかで、やっと自分の可能性が生まれ、構築される。人は一人でいるときは自分にしか頼れないのであり、自らの根源を探し出さなければならない。ロビンソン・クルーソーが孤島で他人に頼らずにすべてを自分で発明したように。さまざまな困難が立ちはだかる孤独な生活は、必然的に屈辱的であり、幻想を抱くこともできない状態に自分を置くことになる。今あるがままの自分でしかなく、自分に不満をもつ必要もなくなる。長期失業状態にあるダニエル〈六十歳〉は語る。

妻が去って行き、失業者になってから、完全に孤独な生活を送っています。しかしながら、この孤独のなかには、一種のゆとりと安らぎがあります。人生の終点にたどり着いたかのようです。「虚無」のなかで浄化されたかのような一人の男というか、自分自身と自分の肉体の前に立たされ、自分の苦悶と向かい合っています。はっきり言って、バーで一人の女性、またはたいして関係のない男友だちといるより、一人でビールを飲んでいたほうがずっといいです。今は僕の考えを引き上げてくれるような人が必要なのです。もちろん自分と気の合う人がすこしは引き上げてくれるでしょう。そのためにはそういう人を見つけ出さなければなりません。

## 孤独への手ほどき

孤独も、一種の手ほどきである訓練をとおして身につくものである。自分探しの果てに、究極の空白に直面して初めて人間の真実に達し得る。自分の孤独に直面することは、死にたいする怖れを正面から見つめることでもあるが、残念ながら、多くの者は、パスカルが述べたように、「独りで部屋に留まる」よりも、気を紛らわすほうを選ぶ。孤独が自分の限界を越えさせ、力を与え、インスピレーションを与えるのは、自分と向かい合うことができるからだ。自分自身を知り、受け入れさせるからである。深層心理の分析でさえも、自己の内部を見出させるにすぎない。

作家のなかには、自ら選んだ孤独と、課せられた孤独とのあいだに違いをもうけているが、孤独には、ある程度の下準備が必要であることを無視しているようだ。最初に外部から課された孤独は、生活のなかに組み込まれ、その長所が認められ、のちに内部に達する。しかし、それは究極の状態ではなく、どこまでも相対的な状態である。私たちは誰もが、ある時期に孤独を味わい、人生を歩むにつれてまだまだこれから孤独と出会うことだろう。孤独を好むようになってもたいした問題ではなく、自分を高め、創造できるチャンスと思えばいいだろう。では、ほんとうの孤独とはどこにあるのだろう。イネスのケースを見てみよう。

今まで一度も一人で暮らしたことがなかったのです。最初の夫とのあいだに子どもをもったのですが、離婚した後、すぐに恋人を見つけました。そのあとも別の恋人というふうに、一度たりとも孤独を感じたことはなかったのですが、二番目の夫と突然別れたとき、私はひどく打ちひしがれ、初めて孤独というものを味わいました。幸いに友人たちに囲まれていたので救われました。私の苦しみは、孤独のためだったのではなく、愛の不在、誰にも愛されないというためでした。「彼はもう私を愛していない。まだ誰か私を愛してくれるのだろうか」と自問しました。幸いにして私にはクリエイティブな素養があり、確固としたイメージをもっていましたから、うつ状態から徐々に立ち直ることができました。今は新しいプロジェクトをもち、音楽を始め、パーティーを開き、旅行にも出るのですが、相変わらず愛というものには出会いません。孤独？　たまに夜などに、それを感じるのですが、離婚した女として悔いてはいません。やっと自分が何ものなのか見出すことができたからです。

善くも悪しくも孤独は私たちを変える。ある者は賢くなり、ある者は気むずかしくなる。孤独は、一種の秘儀のごとく、自分自身の最良のものを凝縮させてくれる。ときには悔恨をともなう、とげとげしさと頑《かたくな》な態度をとらせるようになることもある。が、ある者は自分と似た者と一緒にいるよりも一人でいる孤独のほうを好む。そして自分が生きた不幸を思いめぐらせ、相手を批判することで気を晴らす。ダニエルのように。

誰かが私生活に侵入してほしくはないのです。自分の空間に侵入されたかのように感じられます。

また誰かがあまり私に接近しすぎると、自分がそれほどいい男ではないと思われるのが怖いのです。

他人を拒否することがつづくと、孤立生活は人との交歓がないために個性が貧困になることは避けられない。この場合、その人は他人の賑やかな雰囲気やスポーツなど何かに夢中になっている姿を見るのが耐えられなくなる。自分の殻に閉じこもり、差し出された手にも目が行かなくなる。

イネスと同い年のエマは、夫に突然捨てられた。イネスとは異なり、彼女は夫との離別を受け入れることができず、夫婦関係の破綻に耐えられないでいる。彼女には外に向けられた知的、文化的素養が備わっているのだが、それを生かそうとはせず、自分を犠牲者とみなしつづける。友人たちが彼女を励まし、気分転換に誘ってくれるのだが、テコでも動かない彼女への誘いも諦めるようになる。すべてを投げ出すことから、排他的孤独に陥りつつある。

イネスとエマのケースでも見られるように、孤独をどう受け入れるかによって残りの運命が左右されることになる。それぞれが「自分自身の内面を掘り下げる」能力は異なる。人生に意味を与えることのできる賢さを身につけていれば、ポジティブな昇華が可能であり、同時に自分探しを始められる。塾考と内面的平和を得るのに必要な時間をもつことによって、表面的な世間から遠ざかることができる。アンヌは語る。

私には定期的に孤立することが必要です。それは自分を守るためでもあります。何日でも人に会わないでいられます。そのときはモバイルを切り、メールも見ようともしません。こうして自分を再生しています。

意味を失いつつあるこの時代にたいして抵抗するように、自己を超越することを求め、自分自身、そして他人に耳を傾けようとする。世の中の喧噪の前で、緩和と調和からなる心の静けさを求めるようになる。苦しみも快楽もないニュートラルな禁欲主義者のアタラクシア（精神の静けさ）にまで達するのである。

## 孤独への入門ツアー

一人旅の愛好者たちは、一人旅は、完全な自由、自分の好きなリズムで歩け、自分の好みでいつでも予定を変更でき、知らない人と出会えるという長所をあげる。それはまた自分をさらに良く知り、飛び越え、自立性を確立することで自信をもつことでもある。自分の生活をふり返り、日記あるいは旅行記みたいなものを綴ったらどうだろう。

幾人かで旅に出ることも和気あいあいとしていて楽しいが、一定の旅程と行動時間が設けられている。誰かと旅すると、周りのものへの注意力が散漫になり、相手の話すことが空間を埋め、景色に目を向けるのを妨げる。反対に、一人で歩くことによって考えを進展させ、さまざまな方面に向かって思考をさまよわせることができる。そして自由と精神的な豊かさをもたらしてくれる。人格喪失症の実験で見られるのは、自然に向けられる視線が鋭くなり、一人で抱いた感動が濃縮される。誰かがそばにいると、それは希薄になる。看護婦であるジェニー（四十二歳）は語る。

一人でいるとき、私は幸福感と青春の頃の息吹を感じるのです。何にたいしても余裕があるということです。誰かと一緒にいるときは、相手に気を配らなければならないので、周りの景色や可能性のある出会いからも目をそらせてしまいます。「その楽しさを皆と一緒に分かち合えないの？」と友人らに言われますが、しばしば誰かが私の心境を邪魔し、日常的なくだらないことをもってきては、私の自由な境地に水を差すのです。

未知に向かっている一人旅は誰にも迷惑をかけないでいられる。が、誰かと一緒だと、知らない人から話しかけられることも少ない。一人旅の者には、地元の人は警戒心などもたずに、一種の好奇心も手伝って進んで声をかけてくれるものだ。彼らは手助けをしたいし、情報を与えたいし、地元のことなども話してやりたいのだ。親しみを覚え、一人旅する勇気に感心し、いろいろ出会うに違いない困難を考えて、地元住民は同情をそそられる。五十三歳のクリスチーヌはシングル。彼女はパリでの孤独を逃れるためにアフリカでの一人旅を始めた。今ではアフリカの数カ国を知り、スワヒリ語まで学んだ。

現地ではバスとローカル線で移動しますが、すこしも問題はありません。一人だと、バスの最前席をとれますし、簡単に群衆の中に入り込めます。もちろん危険を避けるために、私は既婚者であり、夫は仕事でフランスにいるので、一人で旅しているのだと言います。毎日、朝早起きし、夜も早く寝ます。

一人で旅することの素晴らしさは、誰にも迷惑をかけずに、まるでそこに自分がいないかのように振る舞い、そしてすべてを吸収できます。二人でいると、絶えず話し合い、どこまでも二人の関係のなかにあり、現地の世界に入り込めません。たしかに夕暮れ時などは寂しくなることもあります。一日の体験を誰かと分かち合いたい気持ちになるからです。でも日が明けるときの素晴らしさはすべてを償ってくれます。どちらにしても一人でいたほうがいいのです。湖の日没を観賞するために数日間、毎日十二時間のバスでの移動を誰が喜んでお伴するでしょう。どこでも不思議に一人旅の女性に出会うのです。男性にはめったに会いません。どうしてでしょう?

このように不安や疑問、ときには憂うつを抱えながらも、一人旅する人は、人間関係が生活を毒する腐りかけた習慣から逃れて、自分探しの旅に出るのである。

## ヒーローかクリエーターか

親密な関係が唯一の幸福につながるとはかぎらない。孤独は日常のしがらみから離れて、創造や宗教への道、また新しい愛など他の可能性への広がりを見出させる。己れの内面だけに集中できるからである。一人きりになることは、日常から身を引き放し、精神を浄化することでもあり、己れの再生でもある。心身の健康も含め個人の均衡を求めることによって、快適なライフスタイル、アール・ド・ヴィーヴル（暮らしの芸術）として、賢い生き方と平安な空間がますます求められている。静寂な、瞑想する空間の需要も高まる。こうしたなかで数年前から自分の宗教に関係なく、僧院に滞在する定年退職者が増えている。

人間は社会的存在であり、個人の共通の関心だけでなく同類者との交流を必要とする。高度な創造力をもつ人が、親しい人間関係をもたなくても、非常に幸せな人生を送れるのは、自分の職業への情熱と、人生でなすべき目的をもっているからである。彼らは、社交性をもたず、親しい社会的人間関係も必要としない。文学や映画、マンガに出てくる主人公はしばしば孤独な存在であり、一匹狼として振る舞い、困っている者を助け、「人類を救助する」役を与えられる。

一般的にクリエーターは、孤独を必要とする。なぜなら彼らは作品の題材を自分の内部に探し求めるからである。ほとんどの哲学者や思想家、作家または神秘主義者は、作品のインスピレーションを孤独な生活のなかで見出している。デカルトは『方法序説』を書くために「炉部屋」（小さい温めた部屋）にこもり、モンテーニュは『エセー（随想録）』を書きつづけた、ジロンド県のシャトー「モンテーニュの塔」の、彼が「リブレリー」と呼んだ「読書室」からめったに離れなかった。他の思想家たちは僧院の静寂のなかに身を置き、詩人・画家アンリ・ミショー（一八九九〜一九八四年）が言ったように、「魔法にかけられたような隠棲術」を実行したのである。また二〇〇六年ノーベル文学賞受賞のトルコ人作家オルパン・パクムは、「作家にとって、夢の大群に接するためには一人で部屋に閉じこもることが必要だ」と明言している。

もっと一般的な個人も世間から身を引くことを選んでいる。そのなかには灯台守や探検家、単身航海者、聖職者、修道女など、有名、無名に関係なく、彼らは自然と孤独を目指す活動に身を捧げている。フランス人ダヴィッド・グランジェットは毎年六カ月間、インド洋南部に浮かぶ孤島、ケルゲラン島に滞在し羊を飼育している（二〇〇七年一月五日付『ル・モンド』紙）。多くの孤独志向者同様に、彼は子供時代から内向的で、一人でいるのが好きだったという。成人してから、孤独趣向が叶えられる仕事につけたのだという。聖職者や英雄的人物のあいだでも孤独者という資格は例外だったのだが、今日では、誰でも自分自身に与えることのできるデラックスな贈り物となっている。

しかしながら、今でも孤独は疑いの目で見られ、恐怖心を抱かせかねない。そういう状態は異常であり、例外とみなされるからである。著名人やスター的な人物、変わり者と世評のある人物、慣習からそれる八方破りの人物には孤独も許される。僧院の中でも極端な孤独は罪とみなされる（聖職者は一人だけで祈るべきではなく、孤独も行き過ぎてはいけなかった。でないと祈りにも関心を失い、意気消沈し、精神的にうつ状態に陥り、宗教活動からも興味を失いかねないからである）。

たしかに孤独を選ぶことは勇気がいることであるが、危険でもある。それをくり返すと、麻薬中毒のように依存するようになる。航海者ベルナール・モワテシエを憶えているだろう。一九六八年、単身世界一周航海で一位になった直後に新たな世界一周航海に向かったとき、「太平洋の島々に向けて航海を始める。なぜなら海にいるのが幸せだから。自分の魂を救うために」と言って航海をつづけたのである。

孤独な生活を批判する人は多い。精神分析者のなかでもアラン・ヴァルティエによれば、「一人でいることは、番《つが》いの細胞を構成できないからである。……一人で生きるかぎり、集団でこそ達成できるプロジェクトも生むことはできない」（『プシコロジー』誌、二〇〇三年四月号）。カップルになることに恵まれた者と、そうなることを逸した者と言いたいのだろう。

## 他人に対する寛容さ

孤独を選ぶことは、他人を拒否することでも、他人に無関心であることでもなく、ある距離を置くことである。身近な親しい関係が流行にもなっている今日、距離を置くことは付き合いを拒否していると見られがちだが、相手の存在まで排するものではない。なぜなら自分自身が安定した状態にあるなら、逆に人の世話もやける。単に誰かの煽動にのみ込まれたくないのである。他人に耳を貸せることは自分自身が目覚めていることであり、自分に満足していることなのである。ジナ（五十一歳）の体験を聞いてみよう。

私は、一人で暮らすようになってから以前より一人でいるという感じがしないのです。カップルでいたときは、家事や子どもの世話、仕事のことで忙殺されていました。友人をカップル同士で家に招いたりするときは、楽しい夕べを過ごすというよりも、是が非でも夕べを成功させることで頭がいっぱいでした。でも今は誰でも好きな友人と会い、いつでも気の合う友人と話せ、外出もできます。一言で言えば、以前より人の話に耳を傾けることができ、友人たちも身近になってくれています。

しばしば人は、ナルシズムを孤独と混同しがちだが、実際のプロセスはその逆なのである。ナルシストは鏡に囲われているため、自分の周りの者を見ることができない。孤独はその逆であり自分自身を中心に置くことである。パスカルの言葉が思い出される。「自分しか愛さない人間は、一人でいるかぎり何も憎まない」。

人は孤独を自己中心主義や利己主義にむすびつけがちだが、一人暮らし、とくにシングルの一人暮らしはカップル生活では叶えられない外部への広がりを可能にしてくれるだけでなく、別の方向へ進む推進力の役目を果たしてくれる。不安定な社会のなかで確固とした揺るがない人間関係を築くのがむずかしくなっている今日、人びとは日常からかけ離れたものを希求するようになる。満たされない生活や私生活、職業上の失念、さまざまな苦悶が、さらに別なものへ向かう渇望を強め、新たに別の人間関係を築くことに全力を向けることもできる。

一人でいることで、他人の手助けをする余裕もできることから、心地よい関係、一過性のものではない、心が通じ合い、共感できる者同士の関係が生まれる。多くの人びとは、愛情は孤独な状態に終止符を打ってくれるものと想像しがちだが、じつは一人でいられる資質こそ、愛情にもゆったりしたおおらかさをそえることができるのである。相手が自分の苦しみを癒してくれるとは思えなくなり、もうその相手に期待することも止めるとき、新しい関係が生まれる。

孤独な生活者は、人間関係の質にたいして普通の人よりも要求度が高い。仕事とセックスという利益と欲望が織りなす関係にだけ凝集される現代の人間関係にたいして、新しい形の社交スタイルが広まりつつある。それは、親密さを大事にし、連帯と友情のこもった付き合い方であり、利害を越えて、ただ一緒にいる喜びを分かち合える関係である。彼らは、束の間の出会いからなる表面的な付き合いから隔たり、深い友情を育てることを大切にする。

そのようにして新しい形のたくさんの小グループが各所で生まれ、住民の孤立や疎外にたいして闘い始めている。数世代が交歓できる場として、地元住民のイニシアティブにより住民同士の関係を築こうとしている。こうして従来のカップル関係よりも固い友情関係が育ちつつある。互いの人生の上に点線や伏線の時期があっても、カップル相手が代っても、友人であり、親しい仲間同士でありつづける。ウェブでも出会うはずがなかった人とも出会うこともあり、深い親交を交わすようになるだろう。ますます不安定になっていく今日、同時に幾つかの関係を保持しておけば、それぞれの指向に合った関係を選んで利用できる。このような新しいライフスタイルでは、個人同士が常に共存するようになり、自分が「唯一無二」の存在ではなくなる。

# あとがき

中世時代からフランス人は、悩みを心に封じ込めておかずに、行きつけの教会の神父に告解、懺悔《ざんげ》することで、神の許しを乞い、苦悶や憎悪を解消したものだ。一九六〇年代以降、日曜のミサに通うフランス人は激減しつづけ、神父に夫婦や子どもの悩みなどを聞いてもらうキリスト教徒もほとんどいなくなった。

二十世紀中頃まで社会規範となっていたカトリックのモラルも希薄になった現代社会に、後戻りできない変革をもたらしたのが、六〇年代以降のフリーセックス、女性解放、自立・独立という現象だ。そこに、避妊薬が拍車をかけた男女関係の革命だろう。

しかし、二十世紀にこのような社会変革が西洋諸国に根づいたのは、西洋人の生き方の基盤をなす「インディビジュアリズム（個人主義）」の影響があったのはたしかだ。個人主義の発祥をウィキペディアで見るなら、その思想は、十九世紀の英仏の思想家たち（フランスではトクヴィルやルソー）が生んだ「哲学・社会・政治・モラルの面で集団よりも個人の権利、価値を認める概念……。エゴイズムと混同すべきではない」とある。しかし、中世以来、維持されてきた家父長制は、女性に個人主義を認めなかったと言える。女性たちは、六十年前にボーヴォワールが書いた『第二の性』でありつづけてきたのである。本書の中で、注目させられるのは、今日の女性たちは、母親であると同時に職業的、経済的にも完全な自立を目指していることだろう。女性たちは、今まで彼女らに課せられてきた社会的ステイタスの衣を脱ぎ捨てて、真の意味で個人主義を自分のものにしつつある。

若い世代にその橋渡しをしたのが、六十～七十代のベビーブーマー世代だった。彼らは性生活でも職業生活でも個人主義を盾に突っ走っていった。彼らの子どもたちは、現在、三、四十代で、親たちの仲違いによる別居や離婚劇を二度、三度と見せつけられてきた。両親それぞれの新しい恋人やパートナーに引き合わされるのにも慣れている。離婚が子どもたちにどのようなショックを与えるのかも考えずに、あくまでも個人主義的にエゴイスティックに、別居や離婚・再婚をくり返す。とくに男性のあいだでは出会い系サイトで即時的な性関係をもつ者が増えている。

相手に捨てられ、孤独を強いられる者の悩みを聞いてくれるのは、今や神父ではなくカウンセラーなのである。カウンセラーに会いに来る患者たちは、夫やパートナーの浮気や不倫などによって受けたショックやうつ病の治療薬を求めに来るのではなく、今の状態に至ったいきさつをカウンセラーに聞いてもらうためなのだ。

本書『フランス人の新しい孤独』には百人近い患者の語りが収められている。読者にとっては一種のぞき見的部分もあるが、彼らの語りをとおして、男性は競争の激しい会社で頑張り、女性は家庭で子どもをみるべき、という従来のステレオタイプの家庭生活を完全にくつがえす傾向が現代社会に深く彫り刻まれつつあり、女性の地位の変革が急速に社会を変えつつあることがわかる。

カウンセリングに来る患者の八割近くの男女は、四十から五十代で「離婚、子ども二人」という家庭状況を背負っている。彼らのなかには、離婚したあと、出会い系サイトによるむなしい出会いを重ねながら、なかにはウェブ依存症になり、オタク化していく者もいる。

消費文化に踊らされながらナルシズムに浸る若者男女、妻に逃げられ、またはリストラによる早期退職を強いられ、孤独が何であるかも知らずに空白の孤独状態に追い込まれる五十代の男性……。以前は苦悶を聞いてくれる神父がいたのだが、今は、連れ合い、パートナーと思っていた相手に去られ、「虚無」に直面させられるとき、悲しみを聞いてくれるのはカウンセラーしかいない。職場での競争や私生活でもずたずたに引き裂かれ、出会い系サイトも諦めたサラリーマンが、最近救いを求めて身を寄せるのは、僧院での瞑想や座禅による自己回復の場である。

本書の著者は最終章で、孤独の勧めを説いている。孤独は幼児時代に培われるものであり、どんな社会環境、人間環境においても自己を見失わず自らの創造へと昇華できるのだと、モンテーニュやリルケ、フロイト、ルソー、フロベールら偉大な思想家、作家たちの孤独についての思想を部分的に引用しながら、究極の行き着く時空間、孤独への道を展開していく。カントの研究家、中島義道氏は、『孤独について』(文春新書)の末尾で、「孤独を選びとり、孤独を楽しみ、孤独を活用し、孤独を磨きあげ……そして孤独に死ぬよりほかない」とまで言い切っている。

日本ではシングルが「おひとりさま」と呼ばれるようになって久しい。「おひとりさま」とは、パートナーとの共同生活を構えるひまもなくキャリアの道を突進してきた女性、または離婚後、シングルライフを送りつづける男女を指しているようだ。

フランスの高学歴のキャリア女性も、エリート幹部や実業家、医師・弁護士などの道をばく進し、子どもを持ちたいという母性本能に呼び覚まされるときには三十五歳から三十八歳になっている。子宮の中で受精期限まで生物学的に時計が回っているように、四十歳に近づくと、その機会もますます少なくなる。売春までして孕むわけにもいかず、精子提供者が見つかるまで自分の無精卵を凍結しておきたいという女性も出てきている。

イリゴエン医師の問診を受けに来る患者たちの、とくに夫やパートナー男性に裏切られ、結婚生活にも男性にも幻滅し、もはや男女関係には何ら幻想も抱かなくなった女たちの赤裸々の声や、妻との離婚訴訟中にリストラに合い、打ちのめされた五十代のサラリーマンの姿、離婚後、子どもをピンポンのように、二人とも仕事をしながら交代で子どもの面倒をみる先夫、先妻の日常生活の煩雑さなど、平均的フランス人が生きるドロドロした現実を突きつけられる。ハイテクが社会の表面を無機質の素材で二重、三重に覆い、生活も細分化されていくなかで、今日の男女関係も、原子や分子の結合・分解のように、ウェブサイトにより細分化された出会いと結合がくり返されていくのだろう。

頻繁に代わるパートナーたちは、別れたあと、互いに悔恨か憎悪の気持ちなしには思い出せない一人の他人にすぎなくなるのだが、女性にとって自分の腹から生まれた子は、血肉を分けた分身であり、生涯、母子でありつづける。この過程でシングルマザーと呼ばれる新しい女性群が形成されていくのは、日本を含め先進国共通の社会現象と言えよう。しかし、子持ちの女性にとって、この世の中にひとりぼっちの孤独はありえない。この点が男性存在と全く異なる。

カウンセリングに訪れる、悩める人びとのさまざまな語りを読みながら、日本人ならどのようにして日常の喜怒哀楽を処理していくのだろうか、と比較しようとするのだが、考えるまでもない。然り、禅に通じる俳句と短歌があるではないか。花や鳥、自然のなかに己れの生を感じとり、そのときどきの気持ちを自然に託し、十七文字または三十一文字で表現することができるではないか。芭蕉や良寛がしたように。禅宗の「やすらぎへの道」が導く「無私」、「心身脱落」のわび・さびの至境を、西洋人の究極の孤独に対峙させずにはいられないのである。

著者マリー＝フランス・イリゴエンは、医学から精神病学に進み、とくに被害者学を研究し、九八年に『セクシャル・ハラスメント』を出版し、ベストセラーになり二六カ国語に訳されている。その他、家庭内暴力や現代人の孤独に至るまで、これらの分野の第一人者として欧米で認められている。

私は、フランス人のあいだで四十五年も暮らしながら、地下鉄などで出くわす、ある乗客のやつれた暗い表情や、恋のアバンチュールの最中と思われる表情、一本の赤いバラを大事そうに握る、うきうきした足取りの青年などを街で見ながら勝手に想像し、映画の一シーンを思い浮かべてしまい、彼らの「新しい孤独」を探りたくなるのである。

本書の翻訳にあたり、短い引用文ながら、出所文献名を調べるのに手を貸してくださった何人かの友人の方々にお礼申し上げます。

また、私の拙訳書数冊、自叙伝まで発行してくださっている緑風出版の高須次郎・ますみご夫妻には本書の翻訳にかなり時間がかかり、辛抱強く待っていてくださったことに深く感謝しております。そして細心の気配りをもって本書の編集から装幀まで担当してくださった斎藤あかね様に心よりお礼申し上げます。

二〇一五年初冬

パリにて　　小沢君江

［著者・訳者紹介］

## マリー＝フランス・イリゴエン

1949年生まれ。78年ボルドー大学医学部医学博士号取得後、精神科に進む。94年ワシントンDCのアメリカン・ユニバーシティ、95年パリ第5大学で被害者学専攻ディプローム取得。パリ第5大学で被害者学教授・研究家に。98年著『セクシャル・ハラスメント』出版、26カ国語に訳されフランスではベストセラーに。99年、国民議会に「セクハラ」関係法案が提出され成立し、2001年1月、労働法に加えられた。ベルギー、ケベックでの同法案作成に参与。2001年著『職場の不安、セクハラ』（未邦訳）。科学関係誌に多数論文を発表。2005年著『影響下にある女性、家庭内暴力の跳ね返り』（未邦訳）、2007年著『新しい孤独』（本書）、2012年著『他人の弱さの乱用と心理操作』（未邦訳）、2014年著クセジュ『職場でのセクハラ』（未邦訳）。職場でのいじめ・ハラスメント国際協会メンバー。企業内ストレス、モラハラ問題に関するセミナーや欧州連合議会・委員会などでこれらの問題に関する討議に参加。

## 小沢君江（おざわ　きみえ）

1961年、AFS留学生として米国に1年滞在。1965年、早稲田大学仏文科卒。1971年、夫ベルナール・ベローと渡仏。1974年、ベローと共にイリフネ社創立。ミニコミ誌『いりふね・でふね』創刊。1979年、無料紙『オヴニー』発刊。1981年、民間文化センター「エスパス・ジャポン」創立。2010年6月創刊の仏語の月刊フリーマガジン「ZOOM Japon」の編集に携わる。著書に半自叙伝『パリで日本語新聞をつくる』（草思社）。訳書『ボッシュの子』（祥伝社）、『ビルケナウからの生還』（緑風出版）、『誇り高い少女』（論創社）、『それは6歳からだった』（緑風出版）、『一台の黒いピアノ』（緑風出版）、自叙伝『四十年パリに生きる』（緑風出版）。

# フランス人の新《あたら》しい孤独《こどく》

2015年12月25日　初版第1刷発行　　定価2200円＋税

著　者　マリー＝フランス・イリゴエン
訳　者　小沢君江
発行者　高須次郎
発行所　緑風出版 ©
〒113-0033　東京都文京区本郷2-17-5　ツイン壱岐坂
［電話］03-3812-9420　［FAX］03-3812-7262［郵便振替］00100-9-30776
［E-mail］info@ryokufu.com［URL］http://www.ryokufu.com/

装　幀　斎藤あかね
制　作　R 企 画　　印　刷　中央精版印刷・巣鴨美術印刷
製　本　中央精版印刷　　用　紙　中央精版印刷・大宝紙業　　E1000


ISBN978-4-8461-1517-3　C0036